DIE BERLINER »VILLA D'ESTE«

BÜRGERPALAIS · TANZLOKAL · NS-KUNSTHALLE

Claudia Molnar

Die Berliner »Villa d'Este«

Bürgerpalais · Tanzlokal · NS-Kunsthalle

© Claudia Molnar 2020
Herstellung und Verlag:
BoD – Books on Demand
In de Tarpen 42
22848 Norderstedt
ISBN 9783751921909

Inhalt

Die drei Leben eines Hauses

Zwei Eigentümer nannten das Haus ihr Eigen. Rund 19 Bewohner verzeichneten die »Berliner Adressbücher« über die Jahre. Ständig wurde um- und angebaut, des Öfteren schritt die Baupolizei gegen unrechtmäßig angebrachte Zäune und Leuchtreklamen oder unsachgemäß genutzte Räume ein, manchmal gab es Ärger mit Mietern oder Anwohnern. Zahlreiche Architekten waren mit dem Haus beschäftigt …

… viele alltägliche Episoden, wie sie fast jedes Haus ausmachen. Interessant wird die »Biografie« des 1887/88 erbauten Hauses in der Charlottenburger Hardenbergstraße 21/23 durch seine unterschiedlichen Nutzungen über die Jahre. Sie spiegeln so manche gesellschaftlichen und politischen Phänomene der Zeit wider und gewähren damit einen bemerkenswerten Blick in die »große« Geschichte dreier Epochen in Deutschland.

Begonnen hatte alles in der Kaiserzeit. Der enorme wirtschaftliche Aufschwung nach der Reichsgründung 1871 hatte vielen Unternehmern Finanzkraft und Geltung verschafft, die nun auch in aufwendigen Bauten zur Schau gestellt werden sollten. Dabei schöpften die ausführenden Architekten gerne aus dem Formenfundus feudaler Bauten. Insbesondere der üppige Barock schien wie kein anderer Stil geeignet, eine herrschaftliche Außenwirkung zu erzeugen, sodass auch der Bauherr des Hauses in der Hardenbergstraße, Wilhelm Koch, seinen (neu erworbenen) Status als Mitglied des Berliner Großbürgertums mit einem repräsentativen, neobarocken Palais untermauerte.

1919, nach dem Tod von Wilhelm Koch und seiner Frau Anna, verkauften die Erben das Haus. Das Palais wurde nun – mit dem Ende des Ersten Weltkriegs und der Abschaffung der Monarchie – Teil jenes ausgelassenen, freien und im wahrsten Sinne des Wortes bewegenden Lebensgefühls der Zwanzigerjahre, das einen Teil der Gesellschaft der Weimarer Republik erfasst hatte. Zunächst zog ein exklusiver Künstlerklub in das Haus und dann das elegante Tanzlokal »Villa d'Este« – und »Villa d'Este« hieß das Gebäude fortan, auch als das Lokal schon längst umbenannt worden war und das Haus ganz anders genutzt wurde.

Während des »Dritten Reiches« schließlich wurde das Haus samt einem neuen großen Anbau im Garten, zunächst als »Haus der Kunst« und ab 1941 als »Berliner Kunsthalle«, ein Ort für Kunstausstellungen im Auftrag des »Reichsministeriums für Volksaufklärung und Propaganda« und Sitz des »Ausschusses zur Begutachtung minderwertiger Kunsterzeugnisse«. Propagandistisch ausgerichtete Ausstellungen auf der einen Seite und Bekämpfung von »Kitsch« und »Entarteter Kunst« auf der anderen Seite: Bis zu seiner fast vollständigen Zerstörung durch einen alliierten Luftangriff Ende November 1943 war das Gebäudeensemble nun Bestandteil des nationalsozialistischen Kunstbetriebs.

Neobarock und Großbürgertum

Berlin, in der zweiten Hälfte des 19. Jahrhunderts: Im Zuge der industriellen Entwicklung erlebte die Stadt – insbesondere nach der Gründung des »Deutschen Reiches« im Jahr 1871, die Wilhelm I. zum deutschen Kaiser und Berlin zur deutschen Hauptstadt machte – einen fulminanten wirtschaftlichen Aufschwung, der mit einer starken Zunahme der Bevölkerung einherging. Lebten 1850 rund 500 000 Menschen in Berlin, so wurden im Jahr der Reichsgründung schon über 900 000 und 1900 fast 3 000 000 Einwohner gezählt; die ehemalige Residenzstadt war somit innerhalb kürzester Zeit in die Liga der großen europäischen Metropolen aufgerückt.[1]

Doch die hunderttausenden Zuwanderer (vornehmlich aus den preußischen Provinzen) auf der Suche nach Arbeit und Glück benötigten auch Wohnraum. Und Wohnungen waren, obwohl Berlin zeitgleich einen rasanten, nahezu ungebremsten Bauboom erlebte, äußerst knapp, stets überstieg die Nachfrage das Angebot. Immer mehr Ackerland wurde daher in Siedlungsgebiet umgewandelt. Vor allem »Terraingesellschaften«, jene von findigen Geschäftsleuten und finanzstarken Banken gegründeten Unternehmen, profitierten von dieser Entwicklung; sie kauften große Areale, parzellierten und erschlossen die Flächen, um sie dann gewinnbringend weiterzuverkaufen.

---

1 Bevölkerung in Berlin 1816 bis 2018. In: Statistisches Jahrbuch 2019 Berlin, S. 36. Die Zahlen beziehen sich auf die Fläche von Groß-Berlin (im Wesentlichen das heutige Stadtgebiet), das erst 1920 durch die Eingemeindung benachbarter, bis dahin selbstständiger Städte und Gemeinden entstanden ist.

Es war die von immenser Dynamik geprägte Zeit der ersten Berliner Bauspekulanten, »Vertreter jener neuen Gattung von Unternehmern, die abgekoppelt von der Selbstnutzung oder bereits feststehenden Bauherrn spekulativ Grundstücke […] erwarben und Häuser errichteten, die wiederum weiterverkauft oder vermietet wurden«[1].

Und noch einer weiteren am gründerzeitlichen Baugewerbe beteiligten Gruppe eröffnete sich damals die Chance, üppige Gewinne zu erwirtschaften: Maurer- und Zimmermeistern. Selbst ohne viel Eigenkapital, da Banken und Terraingesellschaften oft günstige Kredite vergaben, war der Bau eines Mietshauses auf eigene Rechnung für couragierte Vertreter dieser Gewerke eine lohnende Angelegenheit. Nach mehrmaliger profitabler Abwicklung eines Mietshausbaus winkte ihnen der erstrebte Aufstieg vom selbstständigen Bauhandwerker über den Bauunternehmer zum wohlhabenden Rentier.[2]

Wahrscheinlich hatte auch der am 16. Januar 1846 in der Berliner »Luisenstadt« geborene Bauherr des Bürgerpalais in der Hardenbergstraße 21/23, Maurermeister Wilhelm Koch[3], auf diesem Wege den Grundstein zu seinem beträchtlichen Vermögen gelegt.

---

1 Wolfgang Schäche/Daniel Ralf Schmitz/David Pessier: Berlin und seine Bauherren, Berlin 2018, S. 12.

2 Siehe »Das Bauunternehmen als Feld des sozialen Auf- und Abstiegs«. In: Christoph Bernhardt: Bauplatz Groß-Berlin. Wohnungsmärkte, Terraingewerbe und Kommunalpolitik im Städtewachstum der Hochindustrialisierung (1871 – 1918), Berlin · New York 1998, S. 128ff.

3 Geburtsanzeige Anton Ferdinand Wilhelm Koch (Landeskirchliches Archiv in Berlin, Berlin-Kreuzberg, Jerusalem, Taufen 1845 – 1846, Bild 111). Koch war das vierte Kind des »Bürgers und Tischlermeisters« Carl Friedrich und seiner Frau Caroline Charlotte Emilie. Wilhelms Bruder Carl Friedrich Wilhelm (*1829) war ebenfalls Maurermeister, sein Bruder Emil Adolph Rudolph (*1834) Bautischler.

Leider finden sich aber nur sehr vereinzelt Hinweise auf die geschäftlichen Unternehmungen von Wilhelm Koch: 1878 baute er vier große Mietshäuser auf dem damaligen Grundstück Greifswalder Straße 8 nahe dem »Friedrichs Hain« und vermietete sie anschließend (siehe »Maurermeisterarchitektur« Seite 12/13).[1] 1887 war er General-Unternehmer beim Bau der südlichen Häuserzeile an der neu projektierten Kaiser-Wilhelm-Straße (heute Karl-Liebknecht-Straße) zwischen Burg- und Heiliggeist-Straße.[2] Beim Bau der katholischen St.-Sebastian-Kirche in Wedding (1890 – 1893) wurde er als »an der Ausführung betheiligt«[3] erwähnt. Und für das angesehene Architekturbüro Gropius & Schmieden führte er mindestens zwei Aufträge aus: im Jahr 1871 die Maurerarbeiten für das »Provisorische Reichstagsgebäude« in der Leipziger Straße 4 und 1878 – 1883 ebenfalls die Maurerarbeiten für das »Klinische Institut für Chirurgie und Augenheilkunde« in der Ziegelstraße 5 – 9.[4]

---

1 »Situations-Plan. Die Grundstücke Greifswalder Straße 8« (Landesarchiv Berlin, A Rep. 010-02, Nr. 14354); »Berliner Adreßbücher« der Jahre 1878 und 1879: Greifswalder Straße 8, 8a bis 8c.
2 Deutsche Bauzeitung, Bd. 21, Nr. 81 (1887), S. 482.
3 Blätter für Architektur und Kunsthandwerk, VIII. Jg., No. 12 (1895), S. 70.
4 Deutsche Bauzeitung, 39 (1871), S. 310 und 44 (1882), S. 256.

Maurermeisterarchitektur

Geht man die Greifswalder Straße stadtauswärts, dann steht es immer noch da, im beliebten Gründerzeitviertel Prenzlauer Berg, inmitten einer langen Häuserzeile: Das von Wilhelm Koch gebaute Ensemble Greifswalder Straße 8. Es umfasst heute die Hausnummern 9 – 12 und steht unter Denkmalschutz, denn es entspricht dem für seine Entstehungszeit, Ende des 19. Jahrhunderts, typischen Baustil der »Maurermeisterarchitektur«.[1]

Während der Bau privater Villen oder öffentlicher Bauten das Metier von akademisch oder an technischen Hochschulen ausgebildeten Architekten war, lag der Mietshausbau noch bis Anfang des 20. Jahrhunderts vornehmlich in der Hand von kleingewerblichen Bauhandwerkern. Eine wesentliche Voraussetzung dafür waren die ab etwa 1830 gegründeten »Baugewerkeschulen«. In wenigen Wintersemestern vermittelten sie »Kenntnisse im Entwerfen und Planen, in Statik und Konstruktion«[2] und boten den Handwerkern so eine praxisbezogene Grundlage für den Hausbau von der Planung bis zur Ausführung. Allerdings sorgten die Bauschulen auch dafür, dass bewährte Schablonen für Entwurf und Fassade nun massenhaft um sich griffen, denn nicht »Architekten und Künstler« wollte man ausbilden, sondern »tüchtige Baugewerksmeister heranziehen«[3].

---

1 Denkmaldatenbank Stadt Berlin: Objektnummern 09050090 bis 09050093.
2 Christoph Bernhardt: Bauplatz Groß-Berlin. Wohnungsmärkte, Terraingewerbe und Kommunalpolitik im Städtewachstum der Hochindustrialisierung (1871 – 1918), Berlin · New York 1998, S. 130.
3 Jahresbericht der Baugewerkschule Nienburg 1903, S. 24.

Das Ergebnis waren im stark expandierenden Berlin Wohnhäuser mit fast immergleichem – durch die tiefen, schmalen Grundstücksparzellen vorgegebenen – Grundriss: In den Vorderhäusern die besseren Drei- bis Vierzimmerwohnungen, in den Seitenflügeln oder hintereinander geschachtelten Hofhäusern die kargen Arbeiterwohnungen. Schmuckfassaden mit Dekors aus vergangenen Stilepochen sollten Wohlstand vortäuschen, gerieten aber aufgrund der variantenarmen Formen oft zu monotonen Reihungen.

Auch die vier Kochschen Wohnhäuser folgen diesem Schema: Die Vorderhäuser jeweils über sechs Geschosse, lange Seitenflügel, die in die Tiefe der Grundstücke ragen, und straßenseitig neoklassizistisch gegliederte Fassaden mit großen neobarocken Eingangsportalen.

Kritik an den gründerzeitlichen »Mietskasernen« gab es daher nicht nur aus sozialer Sicht, sondern auch vonseiten der Architekten. Diese spotteten über die mangelnde »Baukonstruction«[1] der Häuser ihrer handwerklichen Konkurrenten und vor allem über Hausfassaden, die »mit Gipsornamenten aus dem grossen Vorrathskasten und schwindsüchtigen Balkonen beklext sind«[2] – der Begriff »Maurermeisterarchitektur«, der sowohl die Bauprotagonisten als auch ihren Baustil kennzeichnete, war geboren.

---

1   Karl Möllinger: Die Baugewerkschule in ihrer Tendenz und Organisation als Lehranstalt zur Ausbildung von Bauhandwerksmeistern, Halle 1868, S. VIII.
2   Heinrich Seidel: Berliner Skizzen, Leipzig 1894, S. 102.

1873 trat Koch erstmals als Bauherr in eigener Sache in Erscheinung. Gropius & Schmieden waren die Architekten seines neu erbauten vornehmen Zweifamilienhauses in der Potsdamer Straße 86 nahe des damaligen »Botanischen Gartens« (heute Heinrich-von-Kleist-Park).[1] Das neue Haus in der Potsdamer Straße hatte private Gründe, denn für den 20. Februar 1873 verzeichnete das Trauregister des Luisenstädtischen Kirchenbuchs die Vermählung von Wilhelm Koch und Anna Radicke.[2] Die damals neunzehnjährige Anna war eine »gute Partie«, die Koch den gesellschaftlichen Zugang zu einer der bedeutendsten Honoratiorenfamilie der »Luisenstadt« verschaffte. Die bereits seit Ende des 18. Jahrhunderts im Brauerei- und Brennereiwesen tätige Familie Radicke war nicht nur wohlhabend, sondern stellte auch zahlreiche Stadtverordnete und engagierte sich stark im wohltätigen Bereich.[3]

Ein paar Jahre später scheint die Wohnung in der Potsdamer Straße dann nicht mehr den Ansprüchen der Familie Koch genügt zu haben. Ende 1886 wurde dem Baugesuch Wilhelm Kochs für ein Palais auf dem Grundstück Hardenbergstraße 21/23 stattgegeben und nach nur anderthalb Jahren Bauzeit konnte die Familie am 1. Juli 1888 in ihr Haus, in unmittelbarer Nähe zum Bahnhof »Zoologischer Garten« gelegen, einziehen.[4]

---

1 Arnold Körte: Martin Gropius. Leben und Werk eines Architekten 1824–1880, Berlin 2013, S. 210–214; Oleg Peter: Heino Schmieden. Leben und Werk des Architekten und Baumeisters 1835–1913, Berlin 2016, S. 455/456.
2 Landeskirchliches Archiv in Berlin, Berlin-Kreuzberg, Luisenstadt, Trauungen 1871–1873, Bild 138.
3 Ludovica Scarpa: Gemeinwohl und lokale Macht. Honoratioren und Armenwesen in der Berliner Luisenstadt im 19. Jahrhundert, München 1995, S. 41/42 und 84/85; Dieter Hoffmann-Axthelm: Preußen am Schlesischen Tor, Berlin 2015, S. 390.
4 Bauakten der Hardenbergstraße 21/23 (1886–1952) (Landesarchiv Berlin, B Rep. 207, Nr. 188–190).

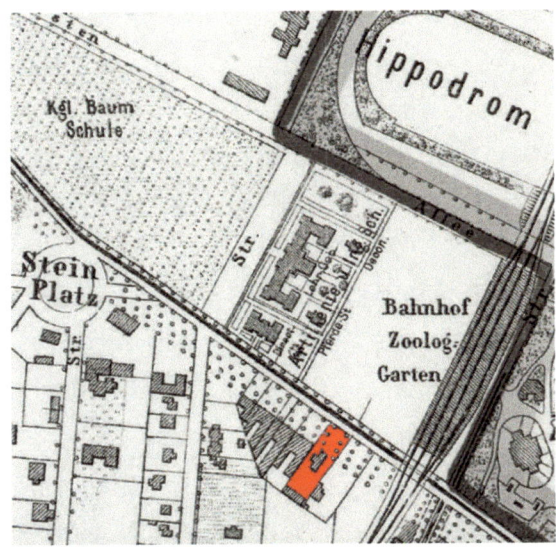

1889: Die Hardenbergstraße zwischen Bahnhof »Zoologischer Garten« und Steinplatz. Das Grundstück der Kochs ist rot markiert.

Um 1890 war die Hardenbergstraße eine noch wenig bebaute, an der südwestlichen Peripherie der Stadt gelegene, Straße. Die städtebauliche Entwicklung Berlins steckte hier noch in den Kinderschuhen; erst ab circa 1895 nahm der »Neue Westen« nach und nach Gestalt an und entwickelte sich zum bevorzugten Wohngebiet für Kaufleute, Künstler und Adelige. Doch noch prägte eine eher inhomogene architektonische Mischung den Abschnitt zwischen Bahnhof »Zoologischer Garten« und Steinplatz: unbebaute Grundstücke, mehrgeschossige Wohnhäuser und Villen sowie der große Baukomplex der »Vereinigten Artillerie- und Ingenieurschule«.[1]

---

1   Siehe Helmut Engel (Hg.): Geschichtslandschaft Berlin, Orte und Ereignisse. Bd. 1: Charlottenburg, Teil 2: Der neue Westen, Berlin 1985; Die Bauwerke und Kunstdenkmäler von Berlin. Stadt und Bezirk Charlottenburg, Berlin 1961.

15

Architekten: Cremer & Wolffenstein. 1887/88.

Fotografie des Kochschen Palais von
Hermann Rückwardt aus dem Jahr 1889

ARCHITEKTONIS

Serie III. No. 104. Villa

CHA

H. R.
1889.

TUDIENBLÄTTER.

sse No. 2I—23. (W. Koch.)

BUG.

Eine durchgehend elegante Villenbebauung, wie sie zum Beispiel die Charlottenburger Villenkolonie »Westend« aufwies,
suchte man hier vergebens. Dafür lockten der nahe Tiergarten
und das westlich des Tiergartens gelegene »Hippodrom« mit
Reitwegen beziehungsweise Reitbahn. Denn um 1850 war Rei-
ten – als vormals der Aristokratie vorbehaltener Sport – beim
Berliner Großbürgertum groß in Mode gekommen; wer es sich
leisten konnte, ritt allmorgendlich auf dem eigenen Pferd im
»Thiergarten« seine Runden. Und so ließen auch die Kochs
noch im Jahr des Einzugs in ihr Haus, 1888, im rückwärtigen
Teil des Grundstückes ein großes Stall- und Remisengebäude
mit Wagenremise, Geschirrkammer, Pferdestall, Treibhaus und
Voliere bauen.

Mit Cremer & Wolffenstein hatten sie für den Bau ihres Palais
eines der renommiertesten Architekturbüros der Wilhelmini-
schen Kaiserzeit gewählt; mit einer Vielzahl von öffentlichen
und privaten Bauten prägte das Duo damals die architektonische Ansicht der aufstrebenden Reichshauptstadt.[1] Die Wahl
des Büros erstaunt nicht: Wilhelm Cremer (*1845), Richard
Wolffenstein (*1846) und Wilhelm Koch waren fast gleichaltrig.
Beide Architekten hatten neben ihrem Studium an der Bauaka-
demie auch eine Maurermeisterausbildung absolviert, galten als
technisch solide und waren bekannt dafür, die baustilistischen
Wünsche ihrer Auftraggeber zu erfüllen.

---

1 Zu Leben und Werk der Architekten Wilhelm Cremer und Richard Wolffenstein siehe Evelyn Wöldicke: Die Villa Gontard. Ein Haus im Tiergartenviertel,
Berlin 2013, S. 32–48. Wilhelm Cremer scheinen die Eheleute Koch darüber
hinaus auch freundschaftlich verbunden gewesen zu sein, denn im gemein-
schaftlichen Testament der beiden ist er als einer der Testamentsvollstrecker
aufgeführt (Brandenburgisches Landeshauptarchiv, Grundbuchakten zu
»Rittergut Sydow«).

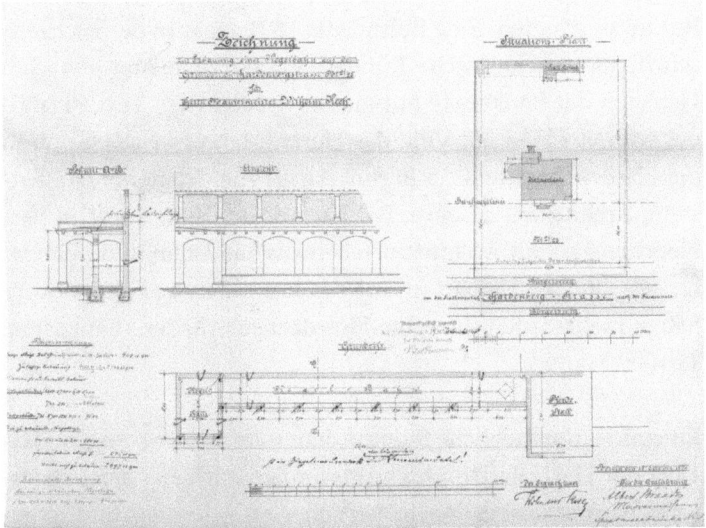

Bauzeichnung einer Kegelbahn und (rechts oben) »Situations-Plan« der Gebäude auf dem Grundstück Hardenbergstraße 21/23 vom 15. Oktober 1896

Vor allem aber entsprach ihr neobarocker Architekturstil mit seiner üppigen Ausschmückung den ästhetischen Vorstellungen eines unternehmerisch geprägten Großbürgertums. Denn die gründerzeitlichen »Entrepreneurs« hatten es infolge der Wirtschaftsblüte nach 1871 zu Wohlstand und Einfluss gebracht und wollten dies nun auch architektonisch in ihren städtischen Palais und Villen sowie Landhäusern repräsentiert sehen. Da aber eigene kulturelle Traditionen fehlten, lag es nahe, sich am Lebensstil und den Kulissen alter Eliten, in diesem Fall einer prachtvollen adeligen Baukunst, zu orientieren.

Und sicherlich ging es auch Wilhelm Koch darum, mit einem Palais inmitten des fast 6 000 Quadratmeter großen Grundstücks eine seiner gesellschaftlichen Position entsprechende

Bühne zu schaffen. Eine Bühne, die 1891 sogar in der Fachzeitschrift »Architektonische Rundschau. Skizzenblätter aus allen Gebieten der Baukunst« mit einem erläuternden Text abgebildet wurde: »Tafel 35. Villa des Herrn Maurermeister Koch in der Hardenbergstrasse in Berlin; erbaut von Cremer & Wolffenstein, Architekten daselbst. Die Fassade der Villa wurde in Verblendziegeln, mit Architekturteilen aus Sandstein und Zement, hergestellt. Der Einbau ist auf das beste durchgeführt und es haben mehrere Räume echte Holzdecken erhalten. Baukosten: 120 000 Mark«[1].

Eine nicht unerhebliche Summe, hält man sich vor Augen, dass 1891 der jährliche Durchschnittsverdienst der bei der Landesversicherungsanstalt Berlin versicherten gelernten und ungelernten Arbeiter bei lediglich 711 Mark lag.[2]

Die üppig geschmückte Fassade des zweigeschossigen Hauses mit hohem Walmdach war ein Paradebeispiel neobarocker Gestaltung. Doch trotz der vielen plastischen Zierelemente in Form von Muscheln, Engeln, Girlanden, Tierfiguren und reich dekorierten Dachgauben wirkte die Villa nicht dekorativ überladen. Dafür sorgte die harmonische Proportionierung der Front in eine vertikale und horizontale Ausrichtung durch den Wechsel von den erwähnten Verblendziegeln und hervorspringenden Architekturteilen (Risalite) aus Sandstein und Zement, mit einer leichten Betonung der Mittelachse durch einen Mittelrisalit mit einem abschließenden Giebeldreieck (Frontispiz).

---

1 Architektonische Rundschau. Skizzenblätter aus allen Gebieten der Baukunst, 7. Jg., Heft 5 (1891), Tafel 35.
2 Christoph Bernhardt: Bauplatz Groß-Berlin. Wohnungsmärkte, Terraingewerbe und Kommunalpolitik im Städtewachstum der Hochindustrialisierung (1871 – 1918), Berlin · New York 1998, S. 89.

Im Inneren des Palais folgte die Aufteilung der Zimmer und Geschosse jenem klassischen Schema, das ein großbürgerlicher Haushalt vorgab: Im rund 400 Quadratmeter großen Erdgeschoss lagen die öffentlichen Gesellschaftsräume mit Speisesaal, Salon, Damen- und Herrenzimmer sowie einem Blumenzimmer mit Zugang zur Terrasse (das Blumenzimmer wurde in den nächsten Jahren noch erheblich zu einem großen Wintergarten beziehungsweise Gewächshaus erweitert). Hinter der Garderobe führte ein kleiner Trakt mit separatem Treppenhaus ins Souterrain zu den Wirtschafts- und Personalräumen. Dort war die Küche und hatte der Portier Herr Krug sein Zimmer. Im Obergeschoss schließlich befanden sich die privaten Räume mit Schlaf- und Ankleidezimmern.

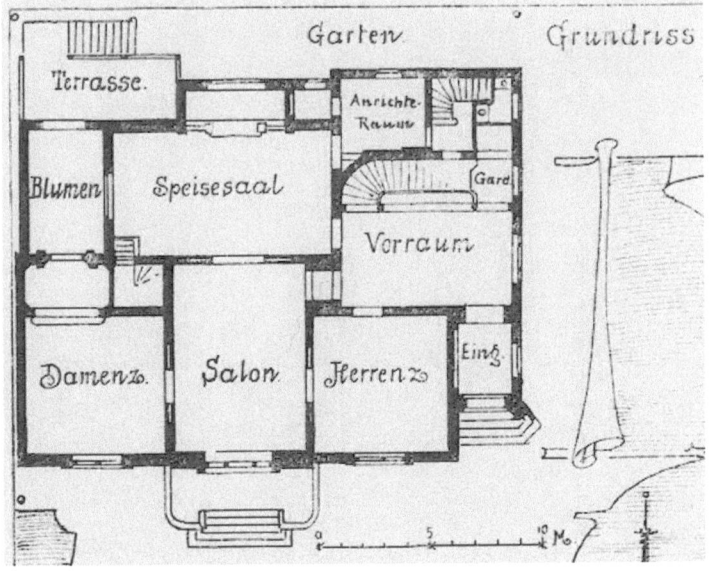

Grundriss des Erdgeschosses des »Palais Koch«

Der innere Ausbau. Tafel 116: Wand im Speisesaal der Villa Koch Hardenbergstraße 22, Cremer & Wolffenstein Arch. erf., E. Koch Bautischlerei ausgef.

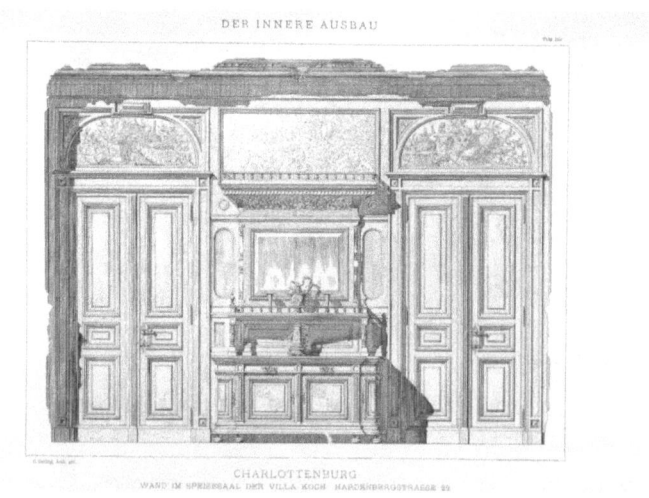

Der innere Ausbau. Tafel 122: Wand im Speisesaal der Villa Koch Hardenbergstraße 22, Cremer & Wolffenstein Arch. erf., E. Koch Bautischlerei ausgef.

Der innere Ausbau. Tafel 113: Vorhalle in der Villa Koch Hardenbergstraße 22, Cremer & Wolffenstein Arch. erf., E. Koch Bautischlerei, L. Foersterling Moebeltischlerei ausgef.

Der innere Ausbau. Tafel 119, links: Eingangsthuer in Eichenholz in der Villa Koch Hardenbergstraße 22, Cremer & Wolffenstein Arch. erf., E. Koch Bautischlerei ausgef.

23

Fotos vom Interieur des Hauses sind nicht bekannt. Doch finden sich acht Zeichnungen zu den Wandgestaltungen und zur Eingangstür in einem von Cremer & Wolffenstein herausgegebenen Buch zum »Inneren Ausbau«[1] (siehe Seite 22/23). Die Zeichnungen lassen erahnen, dass sich die opulente äußere Gestaltung des Hauses im Inneren stimmig fortsetzte.

Ein Palais mit Gewächshaus, ein Stall- und Remisengebäude und eine Kegelbahn[2] im Garten ... und damit nicht genug: 1899 erwarb Koch von der Familie Gravenstein das rund 40 Kilometer nordöstlich von Berlin gelegene »Rittergut Sydow« bei Biesenthal. Zu dem Gut gehörten neben dem Gutshaus und weitreichendem Grundbesitz auch eine Brennerei, eine Schäferei, eine Ziegelei, eine Kirche und zahlreiche weitere Familienhäuser.[3]

Wilhelm Koch leistete sich viele baulichen Insignien eines großbürgerlichen Lebensstils der Kaiserzeit und manifestierte damit sein soziales Emporkommen vom Spross einer »Luisenstädtischen« Handwerksfamilie zum Brandenburgischen Rittergutsbesitzer. Doch schon zwei Jahre später, am 21. August 1901, starb er an einer Krankheit.[4]

---

1   Wilhelm Cremer/Richard Wolffenstein (Hg.): Der Innere Ausbau. Sammlung ausgefuehrter Arbeiten aus allen Zweigen des Baugewerbes, Berlin (Vier Bände).
2   Architekt Georg Pourroy, Kurfürstendamm 20/21, Berlin W. 15.
3   Das »Rittergut Sydow« übernahm der Sohn der Kochs, Wilhelm Ferdinand Carl (Willy) Koch (*1874), der dort mit seiner Familie bis zu seinem Tod im Januar 1943 lebte. Ende der Vierzigerjahre wurde der Gutsbesitz im Zuge der Bodenreform aufgeteilt (Archiv des Landkreises Barnim, Eberswalde, Sterberegister 1874–1966; Brandenburgisches Landeshauptarchiv, Grundbuchakten zu »Rittergut Sydow«).
4   Landeskirchliches Archiv in Berlin, Berlin-Kreuzberg, Luisenstadt, Bestattungen 1900–1903, Bild 136.

Anna Koch blieb alleine in dem Haus in der Hardenbergstraße wohnen und dies im großen Wohlstand. Laut dem »Vermögens-Jahrbuch« von 1912 lag ihr Vermögen bei 2 bis 3 Millionen Mark und ihr jährliches Einkommen bei 160 000 Mark.[1] Sie starb am 26. April 1917 und wurde wie ihr Ehemann auf dem Luisenstädtischen Friedhof beigesetzt.

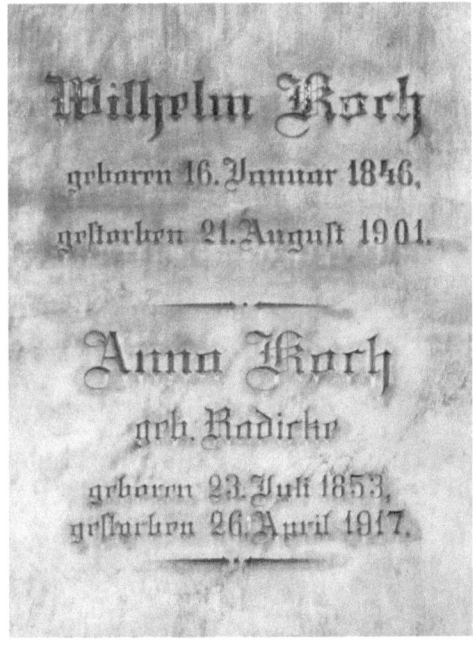

Inschriften an der Erbbegräbnisstätte der Familie Koch auf dem Luisenstädtischen Friedhof

1   Rudolf Martin: Jahrbuch des Vermögens und Einkommens der Millionäre in Preussen, Berlin 1912, S. 298.

Deutschland, im Jahr 1919: Der Erste Weltkrieg war zu Ende, das Kaiserreich passé. Und auch für das »Palais Koch«, steinernes Zeugnis des gesellschaftlichen Aufstiegs eines Maurermeisters, endete eine Epoche: Am 14. November 1919 verkauften die Erben der Kochs das Anwesen, das nunmehr einen Wert von 2 100 000 Mark hatte, an den »Deutschen Offizier-Verein«.

Im Dachgeschoss des Hauses wurden zwei Notwohnungen eingerichtet[1], da der Erste Weltkrieg den bereits vor dem Krieg herrschenden Mangel an – insbesondere kleinen – Wohnungen noch verstärkt hatte; bis 1943 wohnte eine wechselnde Mieterschar in diesen Wohnungen und später auch in der ersten Etage (siehe »Die Eigentümer und Bewohner des Hauses« Seite 109 – 113).

---

1   Architekt Emil A. Bopst, Karolinger Platz 4, Charlottenburg-Westend.

Der Deutsche Offizier-Verein

Um die Jahreswende 1919/20 kaufte der »Deutsche Offizier-Verein« nicht nur das Kochsche Anwesen, sondern auch das Haus nebenan, ein vornehmes Mietshaus mit 4 Stockwerken über dem Sockelgeschoss und »Maler-Ateliers«[1] im Obergeschoss, sowie das Reitinstitut »Tattersall Beermann« samt Gebäude (Hardenbergstraße 25)[2]. Das dazu nötige Kapital hatte der Verein, denn zweifellos gehörte er – als einer der Ausstatter der deutschen Armee – zu den finanziellen Profiteuren des Ersten Weltkriegs.

Hintergrund der Gründung des »Deutschen Offizier-Vereins« im April 1884 war die damals angespannte ökonomische Situation von Offizieren der deutschen Armeekorps. Insbesondere in den Unteroffiziersrängen erreichte die Besoldung nicht einmal 50 Prozent des reichsweiten mittleren Einkommens.[3] Hinzu kam, dass vom Einkommen der Offiziere ein beachtlicher Teil (laut einer zeitgenössischen Quelle 20 Prozent[4]) für Uniformen und Equipment aufgewendet werden musste. Abhilfe schaffen sollten nun Konsumverein und Warenhaus, beides neue handelswirtschaftliche Entwicklungen des ausgehenden 19. Jahr-

---

1   Berlin und seine Bauten III, bearbeitet und herausgegeben vom Architekten-Verein zu Berlin und der Vereinigung Berliner Architekten, Berlin 1896, S. 220.
2   Zeitschrift für Gestütkunde und Pferdezucht, Band 15 (1920), S. 87.
3   Siehe Jörg van den Heuvel: Mythos Militarismus? Militär und Politik in Deutschland und Frankreich am Vorabend des Ersten Weltkriegs, Frankfurt/Main 2014, S. 246ff.
4   Deutscher Offizier-Verein. In: G. von Glasenapp (Hg.): Neue militärische Blätter 23,2 (1883), S. 431.

hunderts, die in dem »Offizier-Verein« zusammenfanden: Die Waren wurde im großen Stil, und daher günstig, gekauft oder produziert, und den Preisvorteil gab man dann an die Mitglieder weiter.[1]

Bereits 1888 umfasste das Angebot über militärisches Equipment hinaus unzählige weitere Alltagsutensilien, sodass ein mehr als 300-seitiger Verkaufskatalog aufgelegt wurde.[2]

Die Geschäfte und Mitgliederzahlen entwickelten sich exzellent und die wirtschaftlichen Unternehmungen des Vereins weiteten sich stetig aus: Ende des 19. Jahrhunderts übernahm das vereinseigene »Waarenhaus für Armee und Marine« (später umbenannt in »Armeemarinehaus«) den Warenverkauf, über Berlin hinaus wurden auch in anderen Städten Geschäfts- und Verkaufsstellen eröffnet, für Reisen handelte man Rabatte für die Mitglieder aus, was sich in der Publikation eines »Reisehandbuches« niederschlug, für verabschiedete Offiziere wurde via Anzeigen nach zivilen Beschäftigungen und Anstellungen gesucht.[3] Zeitweise verlegte man eigene Zeitschriften.[4] Der Handel mit Uniformen und Militärausrüstung blieb aber das Kerngeschäft.

---

1 Zur zeitgenössischen Kritik an diesem ständischen Waren- und Versandhandel vonseiten lokaler Militärschneider und Militäreffektenhändler in den Garnisonsstädten siehe Thomas Tippach: Koblenz als preußische Garnisons- und Festungsstadt. Wirtschaft, Infrastruktur und Städtebau, Köln · Weimar · Wien 2000, S. 271ff. Und zur Kritik vonseiten der Lieferanten an der Monopolstellung des Vereins – am Beispiel der Handweber in Schlesien – siehe Jürgen Kuczynski: Die Geschichte der Lage der Arbeiter unter dem Kapitalismus, Band 13, Berlin 1961, Seite 114ff.
2 Deutscher Offizier-Verein: Preis-Liste No. 5, Berlin 1888, S. 70.
3 Zeitung des Vereins Deutscher Eisenbahn-Verwaltung (1889), S. 70.
4 1922/23 wurde die Monatsschrift »Das Armeemarinehaus« und von 1924 bis 1926 die Wochenschrift »Rundschau« herausgegeben.

Auch während des Nationalsozialismus lieferte das »Armee-marinehaus« weiterhin Waren (»Die Reichswehr equipierte sich im Armee-Marine-Haus, wo die besten Reithosen gebaut wurden«[1]). Doch die Nachfrage nahm ab und der Zenit der Unternehmungen war überschritten, sodass das zuvor in der Neustädtischen Kirchstraße 4/5 betriebene »Armeemarinehaus« 1934 in die Hardenbergstraße 24 (»neben Villa d'Este« wie es in der untenstehenden Werbung hieß) verlegt wurde. Die endgültige Liquidierung der Firma und die Auflösung des Vereins erfolgten allerdings erst nach 1945.

1   Hans-Georg von Studnitz: Seitensprünge. Erlebnisse und Begegnungen, Stuttgart 1975, S. 69.

Schauspieler, Tänzer und Musiker

Der »Deutsche Offizier-Verein«, seit Ende 1919 Eigentümer des vormaligen »Palais Koch«, nutzte das Haus nicht selber, sondern vermietete Haus und Grundstück an den Verein »Bühne & Film 1919«, der dort seinen Klub für Feiern und Versammlungen einrichtete. Damit kam künstlerisches Leben in die Räumlichkeiten. Zeitgenössische Berichte zeichneten das Bild einer »eleganten Stätte, mit Sekt, mit Jazz, mit Tanz und mit [dem Glücksspiel] Ecarté, für den mondänen Künstler …«[1].

Große Leinwandstars und kleine Revuesternchen, Filmregisseure und Intendanten, hasardierende Spieler, aber auch Prominente aus Politik und Wirtschaft gingen jetzt in der »reizenden Villa« ein und aus. Nach Mitternacht herrschte in dem Klub Hochbetrieb, es wurde »geflüstert, gehandelt, vermittelt, verschachert, geflirtet, geklatscht, getrunken und getanzt«[2]. Der Zutritt war nur Mitgliedern gestattet, Nichtmitglieder mussten durch ein Mitglied eingeführt werden.[3]

Eine Ansicht der illustren Klubgesellschaft in den – noch ganz vom großbürgerlichen Habitus der Kochs geprägten – Räumen der Villa lieferte 1919 der Maler und Zeichner Felix Schwormstädt (*1870) für die Leipziger »Illustrirte Zeitung«; die Ausgabe vom 4. September 1919 war dem Thema »Film« gewidmet und mehrere Zeichnungen Schwormstädts illustrierten die Texte.

---

1   Eugen Szatmari: Das Buch von Berlin, München 1927, S. 132.
2   Ebenda, S. 135.
3   Egon Jameson: Mein lachendes Spree-Athen, Berlin 1968, S. 92–100.

Neben dem bereits 1901 gegründeten »Deutschen Bühnen-Klub«[1], bei dem seinerzeit allerdings Frauen noch nicht Mitglied werden konnten, und dem »Bühnenclub des Westens« im Lokal von Victor Schwanneke, der mit der Klubgründung die Polizeistunde umgehen wollte, war die Villa in der Hardenbergstraße nun ein weiterer Treffpunkt der Berliner Schauspielergesellschaft: »These were the meeting places of the intellectuals and the bohemians. You could go there late at night, and there were always some friends present. We sometimes met at the film club in the Hardenberg Strasse. Every day, there was something happening. You had to be there, or you didn't belong«[2].

Felix Schwormstädt: Erholungsstunden unserer Filmkünstler im Klub »Bühne & Film« in Berlin

1   Siehe Wolfgang Goetz/Walter Unruh (Hg.): Fünfzig Jahre Deutscher Bühnen-Klub. 1901–1951, Berlin 1951.
2   Michael Hallett: Stefan Lorant. Godfather of Photojournalism, Lanham (Maryland) 2006, S. 35. Der ungarische Kameramann und Drehbuchautor Stefan Lorant (*1901) lebte Anfang der Zwanzigerjahre in Berlin.

Kein Wunder, dass die ständige Anwesenheit von Publikumslieblingen zahlreiche Schaulustige in die Nähe des Hauses zog,
und so ließ der Künstlerverein, nachdem es zu Tumulten gekommen war, das Vorgartengitter mit schwarzem Eisenblech
verkleiden: »Besonders im Sommer ist es für die Künstler von
unschätzbarem Werte, dass sie in den Pausen ihrer Tätigkeit
als Filmdarsteller und ihrem Auftreten als Schauspieler, einige
Stunden der Ruhe und Erholung in dem Garten geniessen können [...] Der Not gehorchend, haben wir uns daher entschliessen müssen, die Verkleidung des Zaunes mit grossen Kosten
von etwa M 9000.- vorzunehmen«[1]. Die Passage stammt aus
einem dreiseitigen Antwortschreiben des Vereinsvorstandes an
das Polizeiamt Charlottenburg, denn ein Nachbar hatte gegen
die Verkleidung geklagt.

Die Auseinandersetzungen um den Zaun offenbarten aber auch
einen Zwist zwischen dem Verein »Bühne & Film« und seinem
Vermieter, dem »Deutschen Offizier-Verein«. Letzterer beteuerte in einem Brief an die Baupolizei, nichts von dem Zaun gewusst, einer Errichtung auch niemals zugestimmt zu haben und
darüber hinaus sei auch eine Räumungsklage gegen den Verein
anhängig.[2] 1926 zog der Verein »Bühne & Film« aus der Villa
aus, neues Domizil des Klubs wurde eine Villa in der Fasanenstraße 9.[3]

---

1   Landesarchiv Berlin, B Rep. 207, Nr. 188, Blatt 233–235.
2   Landesarchiv Berlin, B Rep. 207, Nr. 188, Blatt 261.
3   Die Villa in der Fasanenstraße wurde 1929 zugunsten eines Hotelneubaus
    (»Hotel Savoy«) abgerissen. 1930 und 1931 war laut »Deutschem Bühnen
    Jahrbuch« die Knesebeckstraße 50/51 Sitz des Vereins, dann verlieren sich
    seine Spuren.

Amüsieren und ruinieren –
Berliner Glücksspielklubs

Baccara und Ecarté – leidenschaftlich wurde im Klub »Bühne & Film« auch dem Glücksspiel gefrönt. Und nicht nur dort: Es war ein offenes Geheimnis, dass ein dichtes Netz an illegalen Spielklubs die ganze Stadt durchzog. »Nur aus dem Handgelenk« zählte der Journalist Adolf Stein (*1871) im Oktober 1926 in einer seiner »Rumpelstilzchen«-Glossen allein 36 Klubs auf, die in der Liga der »vornehmsten« spielten.[1]

Ende 1919 war der »Glücksspielparagraf«[2] des Strafgesetzbuches verschärft worden: Während im Kaiserreich nur das gewerbliche Glücksspiel im öffentlichen Bereich verboten war, stand fortan auch das gewohnheitsmäßige Glücksspiel in Vereinen und geschlossenen Gesellschaften sowohl für den Veranstalter als auch die teilnehmenden Spieler unter Strafe.

Hintergrund der neuen Regelung war das sich nach dem Ersten Weltkrieg rasant ausbreitende Glücksspiel. Vehement wurden daher in den politischen Debatten und publizistischen Veröffentlichungen zur Gesetzesnovelle die zersetzende Kraft des Glücksspiels auf das soziale Leben und die finanzielle Bereicherung Einzelner – denen ein gewaltiges Heer an Verlierern gegenüberstand – moralisch angeprangert.[3]

---

1   Rumpelstilzchen alias Adolf Stein: Berliner Funken, Berlin 1926/27.
2   Gesetz gegen das Glücksspiel vom 23.12.1919. In: Reichs-Gesetzblatt Nr. 249 (1919), S. 2145.
3   Beratungen des Gesetzes gegen das Glücksspiel in der 133. Sitzung der Nationalversammlung vom 18. Dezember 1919.

Doch nun schossen verdeckte Spielklubs, getarnt als Sport- oder Kulturvereine mit preiswertem Essen und geselligem Vereinsleben, wie Pilze aus dem Berliner Boden; die grünen Spieltische tagsüber mit Tischdecken verhüllt. »Leute von Rang und Ansehen spielen nicht nur in Clubs, sondern vermieten ihre Wohnungen, verkaufen ihre Häuser an Spielvereine. Ein bekannter Großindustrieller hat seine Villa in der Hildebrand-Straße einem Club überlassen […] Ein Offizier-Verein verkaufte seine Villa in der Hardenbergstraße 28 an einen Club, der sich im Nebenberuf für Bühne und Film interessiert«[1].

Immense Vermögen und kleine Existenzen wurden verspielt und so manches Leben ruiniert. Auch stand der eine oder andere im Verdacht des Falschspiels: So Graf Wolf-Heinrich von Helldorff (*1896), der Ende der Zwanzigerjahre aufgrund großer Spiel- und Wettschulden sein Gut Wohlmirstedt verloren hatte. Ihn hatte man »oft an den Spieltischen des Klubs ›Bühne und Film‹ gesehen – bis man ihn bat, nicht wiederzukommen, weil er im Verdacht des ›corriger la fortune‹ stand«[2].

Mit ständigen Razzien versuchte die Berliner Polizei dem Glücksspiel Einhalt zu gebieten; insbesondere der Leiter des Glücksspieldezernats, Kriminalkommissar Philipp Greiner (*1895), befürwortete ein unnachgiebiges Vorgehen gegen die Spielklubs. Damit geriet er in Konflikt zu seinem Vorgesetzten, dem Berliner Polizeivizepräsidenten Bernhard Weiß (*1880), dem man nachsagte, selber gerne noble Klubs aufzusuchen und der die Meinung hegte: »In bezug auf die geschlossenen

---

1   Max Epstein: Spielclubs. In: Die Weltbühne 15/I, Nr. 24 vom 5.6.1919, S. 654. Epstein brachte hier die Fakten etwas durcheinander, meinte aber den Klub »Bühne & Film« in der Hardenbergstraße 21/23.
2   Paul Marcus: Zwischen den Kriegen. Aus Berlins glanzvollen Tagen und Nächten, Berlin 2013, S. 43.

Klubs [...] es die Polizei nichts angehe, wenn Leute, die es dazu haben, sich das Geld gegenseitig aus der Tasche ziehen«[1].

Damit stand Weiß nicht allein. Bereits unter seinem Vorgänger blieben via polizeiliche Umlaufverfügung mehrere »gute«, meint geschlossene und gesellschaftlich einflussreiche, Klubs von unerwarteten Razzien verschont.[2]

Der Klub »Bühne & Film« scheint nicht auf dieser Verfügungsliste gestanden zu haben, denn am 26. Juli 1928 war auch er (in der Fasanenstraße) Ziel einer Razzia, bei der man »eine große Anzahl Spieler, besonders Russen und Galizier« antraf. Der Schauspieler Heinrich Gordon (*1871), langjähriger Vorsitzender und Klubwart, und die Klubmitglieder Wolfheim und Liesegang wurden des gewohnheitsmäßigen Glücksspiels angeklagt und zu einer Geldstrafe von 500 Mark verurteilt.[3]

NSDAP-Mitglied Greiner musste im Juli 1933 miterleben, dass ausgerechnet die Nationalsozialisten mit dem »Gesetz über die Zulassung öffentlicher Spielbanken« das Glücksspielverbot lockerten. Angesichts des Finanzbedarfs für zivile und militärische Unternehmungen wollte man den lukrativen Wirtschaftsfaktor Spielcasino nicht links liegen lassen und erlaubte den Betrieb von Spielbanken unter bestimmten Bedingungen; letztlich erhielt aber nur das Casino in Baden-Baden eine neue Konzession.

---

1 Moritz Goldstein: Georg Grosz freigesprochen. Gerichtsreportagen aus der Weimarer Republik, Hamburg 2005, S. 189.
2 Dietz Bering: Kampf um Namen. Bernhard Weiß gegen Joseph Goebbels, Stuttgart 1991, S. 378.
3 Gewohnheitsmäßiges Glücksspiel im Klub »Bühne und Film« des Bühnenschriftstellers Heinz Gordon aus Charlottenburg, 1930 (Geheimes Staatsarchiv Preußischer Kulturbesitz, I. HA Rep. 84a, Nr. 57398).

Nach dem Auszug des Vereins »Bühne & Film« aus der Hardenbergstraße 21/23 erging abermals ein Auftrag an einen Architekten[1] zwecks Um- und Ausbau der Villa: Für die zukünftige gastronomische Nutzung wurden Wände eingerissen, die Grundfläche des Hauses durch einen Anbau in den rückwärtigen Garten erweitert und eine große Küche eingerichtet. Das Bezirksamt Charlottenburg hatte keine Bedenken gegen »die Verwendung der Erdgeschossräume zu gewerblichen Zwecken [...], da die Räume bereits 1920 zu Klubzwecken freigegeben worden« waren. Im großen Garten entstand ein Tanzpodium und an der Grenze zum Grundstück Hausnummer 24 ein Musikpodium mit Instrumentenraum für (Tanz-)Kapellen.

In den Jahren nach dem Ersten Weltkrieg hatte sich, neben der Friedrichstraße im Osten, rund um den Bahnhof »Zoologischer Garten« ein weiteres Zentrum des Berliner Amüsierbetriebs entwickelt: Kinos, Cafés, Varietés, Ballhäuser und Revuetheater säumten die Straßen. Da lag es auf der Hand, im ehemaligen Klub von »Bühne & Film« ein Restaurant und Tanzlokal einzurichten, zumal der nahe (Fern-)Bahnhof auswärtige Touristen wie Berliner Bürger fast direkt dorthin lockte.

Im Mai 1927 war es dann soweit. Große Lettern an der neobarocken Fassade des Hauses, des nachts hell erleuchtet[2], verkündeten den Wechsel: Nun war das Haus die »Villa d'Este« – und der klangvolle italienische Name blieb ihm auch in den folgenden 16 Jahren erhalten. Erster Pächter war der Kaufmann Hans Schüler (*1873). Als Angestellter beziehungsweise als Teilha-

---

1   G. & C. Gause, Inh. Architekt T. Hauck, Atelier für Architektur und Bauausführung, Berlin W. 9, Potsdamer Straße 136/137.
2   Siehe dazu ein Foto in Marko H.C. Paysan: Berlin – Sounds of an Era, Hamburg 2016, S. 96.

Skizze zur Anbringung des Schriftzugs »Villa d'Este« am Haus (1927)

ber war dieser bereits seit vielen Jahren im gehobenen Berliner Hotel- und Gaststättengewerbe präsent gewesen. Nun eröffnete er mit der »Villa d'Este« sein erstes eigenes Haus: ein edles Weinrestaurant.[1]

1   Der in Berlin geborene Hans Gustav Arthur Schüler war neun Jahre lang Mitglied des Vorstands der »Hotelbetriebs-AG« (Kempinski). Anfang 1924 hatte er mit einem Kompagnon den »Restaurationsbetrieb Zoologischer Garten« gepachtet (Heßler & Schüler OHG). Im Laufe des Jahres 1927 stieg er dort aus. Darüber hinaus war Schüler auch in zahlreichen berufsständischen Organisationen aktiv, so unter anderem von 1927 bis 1929 als Vorsitzender des »Vereins Berliner Hotels und verwandter Betriebe«. Er starb 1943 (Georg Wenzel: Deutscher Wirtschaftsführer. Lebensgänge deutscher Wirtschaftspersönlichkeiten, Hamburg 1929, S. 2059; Erbbegräbnisstätte der Familie Schüler auf dem Luisenfriedhof II in Berlin).

Die Tanzkapelle Fahrbach-Ehmki. Von links nach rechts: Unbekannt (Tenor-saxophon), Howard McFarlane (Trompete), Rudolf Friedmann (Altsaxophon/Klarinette), Tommy Phillips (Schlagzeug), G. Matheisl (Klavier), Franz Fahrbach-Ehmki (Kapellmeister, »Singende Säge«) und Mike Danzi (Banjo).

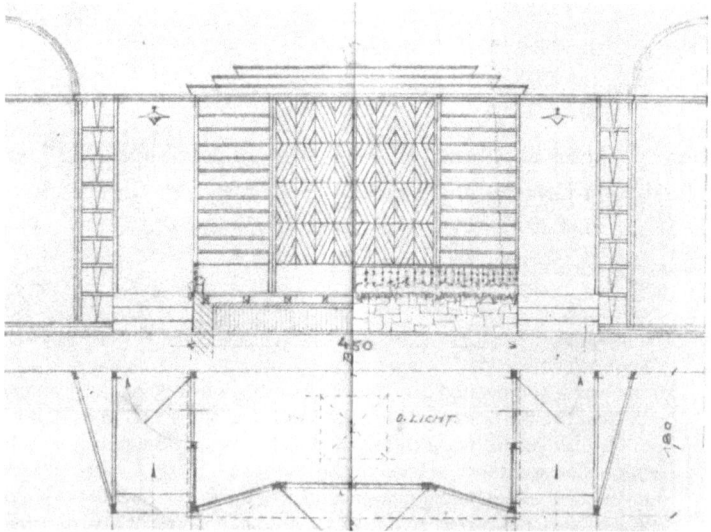

Entwurfszeichnung des Musikpodiums für den Garten der »Villa d'Este«

Begeistert schrieb der bereits erwähnte Journalist Adolf Stein kurz nach dem gastronomischen Start in seiner Glosse: »Ein paar hundert Schritte um die Ecke aber, in der Hardenbergstraße, lockt schon heute die Villa d'Este die Genießer. Eine wirkliche Villa hier im Westen, mit nur einem Stockwerk über dem Erdgeschoß, mit einem Tanzparkett im Garten, wo man unter Bäumen an Springbrunnen sitzen kann. Im Hause selbst ein Luxusrestaurant von erlesener Pracht, das trotzdem nicht die vornehme Privatvilla ganz abgestreift hat. Es besteht erst seit einigen Tagen und hat doch schon sein Stammpublikum, jenes Publikum, für das Fünfzigmarkscheine Kleingeld sind [...] Auch Geschäftemacher aus dem Auslande findet man hier«.

Und der US-amerikanische Musiker Mike Danzi erinnerte sich in seinen Memoiren: »The next day [15. Juni 1927], almost before we had unpacked, Mac [Howard McFarlane] and I got a call from Professor Fahrbach-Ehmki to join his band for the opening of a newly constructed cabaret, the lovely Villa d'Este, on Hardenbergstrasse [...] he needed a good dance element. The afternoon crowd was young – dancers, and a continuous flow of tourists«[1].

Das Foto links oben zeigt die international besetzte Tanzkapelle von Franz Fahrbach-Ehmki auf dem halbrunden Musikpodium im Garten der »Villa d'Este« zur Eröffnung im Frühsommer 1927. Im Hintergrund sind deutlich die – in der Entwurfszeichnung des Architekten für das Musikpodium (siehe Abbildung links unten) vorgesehenen – schmückenden Rautenpaneele zu sehen.

---

1   Michael Danzi: American musician in Germany 1924–1939, Schmitten 1986, S. 31.

Weitere namhafte Tanzkapellen und Musiker, wie Paul Godwin, René Dumont, Dajos Béla, Harry Revel, Emanuel Rambour und Bernhard Barenblatt, gaben in den nächsten Jahren ihr Stelldichein. Sie sorgten dafür, dass die »Villa d'Este« Teil jener Berliner Etablissements wurde, die ein rastloses und finanzstarkes Publikum auf der Suche nach Tanz und Vergnügen durchstreifte. Und tanzen konnte man in der »Villa d'Este« nun täglich, nachmittags leger zum Tanztee und am Abend bis nachts um drei Uhr elegant[1], im Sommer auf dem Tanzpodium (»Tanzspirale«) im Garten (siehe Seite 44/45) und im Winter im Haus.[2]

Werbeanzeige vom April 1928

1 Wo tanzt man heute? In: Der Tanz. Monatsschrift für Tanzkultur, Heft 2 (1927), S. 31.
2 Landesarchiv Berlin, A Rep. 225, Nr. 900.

Expressionismus und Tanz –
der Gartenarchitekt Georg Pniower

Das Tanzpodium im großen Garten der »Villa d'Este« war nicht nur ein Versprechen an ein tanzwilliges Publikum, für den Gartenarchitekten Georg Pniower[1] war es auch Vorbild für eine kleine Zeichnung mit großer Wirkung.

Als die Verbandszeitschrift »Der Deutsche Gartenarchitekt« 1927 ihre komplette Oktoberausgabe mit Arbeiten des damals 31-jährigen Pniower illustrierte, darunter auch eine Zeichnung »Tanzspirale in der Villa d'Este, Berlin W«, gehörte dieser bereits zu den führenden Gartenarchitekten der Weimarer Republik. Nach Gärtnerlehre, Studium und zahlreichen beruflichen Stationen hatte er im Mai 1925 seinen eigenen Betrieb in Berlin-Friedenau gegründet; zusammen mit seiner Frau Ruth und Angestellten gestaltete er in den folgenden Jahren mit großem Erfolg Haus- und Villengärten, aber auch Kleingärten, öffentliche Grünanlagen, Friedhöfe und vieles mehr.

Und neben seiner regen geschäftlichen Tätigkeit brachte sich Pniower auch in fachliche Debatten ein. Denn die große künstlerische Experimentierfreudigkeit nach dem Ende des Kaiserreichs hatte auch auf die Gartenarchitekten abgefärbt und unter

---

1 Zu Georg Béla Pniower siehe Peter Fibich/Joachim Wolschke-Bulmahn: Vom Sonnenrund zur Beispiellandschaft. Entwicklungslinien der Landschaftsarchitektur in Deutschland, dargestellt am Werk von Georg Pniower (1896–1960), Hannover 2004; Helmut Giese/Siegfried Sommer: Prof. Dr. Georg Béla Pniower: Leben und Werk eines bedeutenden Garten- und Landschaftsarchitekten – eine Dokumentation, Dresden 2005.

dem Motto »Der kommende Garten« diskutierte die Zunft in Fachzeitschriften engagiert darüber, wie Gärten funktional und stilistisch neu zu definieren seien. Gerne orientierte man sich dabei an den Gestaltungselementen moderner Kunstströmungen; so unter anderem am Expressionismus.

In Deutschland hatte sich der Expressionismus zwischen 1905 und 1925 über viele Kunstgattungen hinweg als tonangebende moderne Kunstrichtung entwickelt und gab nun – fast am Ende seiner Entwicklung – auch für den gärtnerischen Bereich Impulse für neue gestalterische Wege. Das innere Wesen der Dinge und ihr eigenes seelisches Erleben zum Ausdruck zu bringen sowie beim Rezipienten eine emotionale Wirkung hervorzurufen, darum ging es den Künstlern. »Blitzartige« Kompositionen mit außergewöhnlichen Perspektiven und Proportionen sowie starker Farbigkeit waren in der bildenden Kunst das Ergebnis.

Doch wie sollte ein »expressionistischer« Garten aussehen? So manche Theorien und Modelle reduzierten den Expressionismus allein auf seine Formensprache, also großflächige, farbintensive Blumenpflanzungen und gezackte Beetstrukturen.[1] Georg Pniower und andere hingegen sahen »Gartenexpressionismus« in der Komposition von Anlagen, die das subjektive Moment betonten. Also Gärten, die auf ihre Verwendung schließen ließen und in denen sich das Temperament des Gartenbesitzers stimmig widerspiegelte. Die Struktur des Geländes, Licht und Schatten, geometrische Blumenfelder waren dabei nur Mittel, um cholerische, lustige, melancholische … kurz: atmosphärische Gärten zu schaffen.

---

1   Siehe beispielsweise den 1922 für Thea und Eugen Buchthal geschaffenen Garten von Erik Pepinski (Ein Kristall, verborgen in neuer Sachlichkeit. Entdeckung und Sanierung von Haus Buchthal, Berlin 2016, S. 8ff.)

Pniowers Zeichnung »Tanzspirale in der Villa d'Este, Berlin W«

Diesem Anspruch eines stimmungsvollen Gartens entspricht auch Pniowers Entwurf »Tanzspirale der Villa d'Este«, der ihm – zusammen mit anderen Werken – den Ruf eines »Gartenexpressionisten« einbrachte. Tanz ist das Thema dieser Gartenskizze. Das runde Tanzpodium mit seinen versetzt positionierten Zu- und Ausgängen, der flirrende Zeichenstil Pniowers, die hinteren gewölbten Pavillons, all dies verströmt die Eigenschaften des Tanzes: Rhythmus und Bewegung. Inhalt und Form verschmelzen zu einem schwingenden und beschwingten Fluidum. Und das ist es, was für Pniower einen expressionistischen Garten ausmachte: »Empfindungen hervorrufen«, keine »›expressionistisch‹ verbrämte äußere Aufmachung«[1] in Form von kristallinen Strukturen und plakativer Farbigkeit.

---

1 Georg Béla Pniower: Noch einmal Allingers »Kristallberg«. In: Die Gartenkunst, Jg. 37, Heft 8 (1924), S. 133.

43

Villa d'Este, Berlin

Werbepostkarte mit Ansicht des rückwärtigen Gartenraums. Die Arkaden im Hintergrund gehören zu der Ende des 19. Jahrhunderts von den Kochs gebauten Kegelbahn, rechts daneben das ehemalige Stallgebäude.

Garten mit Tanzspirale

Dass Pniower ein Tanzmotiv in die Debatte um neue Gartenformen einwarf, überrascht nicht. Im Tanz gipfelte in den Zwanzigerjahren das vibrierende Lebensgefühl des Aufbruchs und der Freiheit: In Tanzlokalen und Ballhäusern wurde der »neuen Bewegtheit des Lebens«[1] gefrönt und der von den Tänzern und Choreografen Mary Wigman und Rudolf von Laban entwickelte »Ausdruckstanz« postulierte als neue Tanzphilosophie den Zusammenhang zwischen Körperbewegung und innerem Erleben.

So eignete sich das Motiv wie kein anderes, jene lebhafte und intensive Atmosphäre zu versinnbildlichen, mit der die theoretische Auseinandersetzung um den modernen Gartenstil damals geführt wurde. Mit beginnenden ökonomischen Schwierigkeiten vieler Gartenarchitekturbetriebe infolge des Börsenkrachs vom Oktober 1929 und der dadurch ausgelösten Weltwirtschaftskrise obsiegte in der Debatte dann allerdings mehr und mehr das streitbare Element. Und spätestens 1933 waren dann sowieso jegliche Diskussionen um avantgardistische Lösungen zu Ende.

Georg Pniower konnte seinen Beruf ab 1935 offiziell nicht mehr ausüben, nach 1945 machte er in der DDR als Landschaftsplaner und Hochschullehrer Karriere.

---

1   Katharina Rathaus: Charleston. Jede Zeit hat den Tanz, den sie verdient. In: Uhu, Band 3, Heft 1 (1926/27), S. 120.

Die Weltwirtschaftskrise Ende der Zwanzigerjahre verschlechterte auch die finanzielle Situation vieler gastronomischer Betriebe rapide. Hinzu kam die starke Konkurrenz unter den Vergnügungslokalen, die in den folgenden Jahren die Misere verstärkte. 1930 gab es in Berlin die beachtliche Anzahl von 71 neu erteilten Tanzkonzessionen (allein 17 davon im Bereich des Polizeiamtes Charlottenburg/Tiergarten)[1], sodass sich das Gastronomiekarussell aufgrund dieser Rahmenbedingungen immer schneller drehte: Ständig eröffneten neue Lokale, andere mussten schließen oder wechselten die Besitzer und Pächter.

Auch die »Villa d'Este« blieb davon nicht verschont: Schon nach knapp zwei Jahren, zum 1. April 1929, gab der erste Pächter Hans Schüler auf[2] und das Lokal ging kurze Zeit später in das Imperium des »Cafetiers« Josef König[3] über. Nun hieß es »Cafe König am Zoo – Villa d'Este«. Schon wieder wurde das Parterre umgebaut beziehungsweise vergrößert. Eine »Kaffee-Küche« ersetzte die große Restaurantküche, im ersten Stock sollten Spielräume für Bridge und andere Kartenspiele geschaffen und im Garten ein großer einstöckiger Bau mit Dachgarten errichtet werden.[4] Doch dazu kam es nicht mehr.

---

1   Knud Wolffram: Tanzdielen und Vergnügungspaläste, Berlin 1995, S. 140.

2   Landesarchiv Berlin, A Rep. 342-02, Nr. 42822, Blatt 4.

3   Josef König, 1864 in Slowenien (damals Teil der Habsburgermonarchie) geboren, war um 1910 nach Berlin gekommen und hatte dort im Laufe der Jahre ein »Kaffeehaus-Imperium« mit diversen Kapitalgesellschaften aufgebaut. Inhaberin von »Cafe König am Zoo – Villa d'Este« war die »Spree-Café G.m.b.H.«. Bereits im März 1933 verließ der jüdische Gastronom König Deutschland und starb kurz darauf in der Schweiz. Siehe Knud Wolffram: Tanzdielen und Vergnügungspaläste, Berlin 1995, S. 136–141.

4   Ende 1929 gab es zwischen dem bekannten Gastronomieunternehmen Aschinger AG und Josef König (erfolglose) Verhandlungen über den Erwerb einiger König-Betriebe, darunter auch dem Café in der »Villa d'Este«. In einem Bericht an Fritz Aschinger finden sich viele Informationen zur »Villa d'Este« für die Zeit 1929 bis 1932 (Landesarchiv Berlin, A Rep. 225, Nr. 900).

Werbepostkarte der »Villa d'Este«, die Bar

Denn bereits Mitte 1932 erfolgte erneut ein Wechsel: Die neu-gegründete »Villa d'Este Cafe- und Restaurations-Betriebs Ges.m.b.H.« übernahm das Lokal und nannte es um in »Kaffee Aquarium«. Mit zahlreichen Umgestaltungsmaßnahmen des Vorgartens versuchte der Gesellschafter und Geschäftsführer der »Villa d'Este Cafe- und Restaurations-Betriebs Ges.m.b.H.«, Ludwig Konjetschni[1], das Lokal zum Hardenberger Trottoir hin attraktiver zu gestalten und damit das Publikum anzulocken. In einem Schreiben an die Berliner Baupolizei schilderte er seine Vorhaben: »Der vollkommen verwilderte bisherige Vorgarten

---

1 Ludwig Konjetschni (Konečny), 1892 im tschechischen Český Těšín gebo-ren, kam 1919 nach Berlin. Bis 1932 betrieb er – mit wechselnden Standor-ten – das Lokal »Eldorado«, eine international bekannte Homosexuellenbar mit Travestieshows. 1932 übernahm er die »Villa d'Este«, wohl auch um in politisch schwierigen Zeiten ein weiteres Standbein zu haben. Siehe An-dreas Pretzel: Vom Dorian Gray zum Eldorado. Historische Orte und schil-lernde Persönlichkeiten im Schöneberger Regenbogenkiez, Berlin 2012, S. 111–128.

Werbepostkarte der »Villa d'Este«, das Restaurant

wird gänzlich neu gestaltet. [...] Zu der Vorgartenmauer wird durch eine 5 m breite Fläche von Sohlenhofener Platten eine Verbindung geschaffen, die durch Palmen und weitere Blumenarrangements verziert wird und der ganzen Anlage das Aussehen eines modernen Steingartens verleiht«[1].

Zunächst schien die Rechnung für den umtriebigen Betreiber des »Kaffee Aquarium« aufzugehen: »Auch wartet Berlin mit einer neuen Sensation auf: die Villa d'Este hat sich in ein leibhaftiges Aquarium verwandelt, das sich allerdings von anderen Aquarien dadurch unterscheidet, daß man dort nicht nur den Fischen zusieht, wie sie futtern, sondern daß die Fische dies jetzt ihrerseits an den Aquariumbesuchern beobachten können, die hier ihren Kaffee einnehmen oder konditern. Wer aber lieber im Freien als heiliger Antonius in der Gesellschaft von Fi-

---

1   Der Architekt R. Kühn, Moltkestraße 29a, Spandau leitete die Umbaumaßnahmen des Gartens (Landesarchiv Berlin, B Rep. 207, Nr. 189, Blatt 126).

schen zu Tische sitzt, hat im herrlichen Garten der Villa d'Este den schönsten Ausblick auf das lebhafte Treiben am Zoo«[1].

Doch trotz seiner guten Kontakte und politischen Nähe zur Sturmabteilung (SA) war Konjetschni großen Repressionen durch die NSDAP und den Berliner Gaststättenverband ausgesetzt. Und auch die sonnige Leichtigkeit, jenes Gefühl eines unbeschwerten Nachmittags – eine Stimmungslage, die Georg Pniowers Zeichnung und auch die Werbepostkarte des Gartenraums der Villa so treffend abbilden – war mit der »Machtergreifung« der Nationalsozialisten im Januar 1933 abhandengekommen. Anfang Juli 1933 floh Konjetschni in die Tschechoslowakei.

Die dramatischen Ereignisse der folgenden Jahre bis 1936 spiegeln sich in den Handelsregisterakten der »Villa d'Este Cafe- und Restaurations-Betriebs Ges.m.b.H.« anschaulich wider: Vom tschechischen Teplice-Šanov aus bevollmächtigte Konjetschni einen früheren Kompagnon, nun den Kaufmann Fritz Half als Geschäftsführer des »Kaffee Aquarium« einzusetzen. Verzweifelt versuchte Half in den folgenden Jahren immer wieder den drohenden Konkurs abzuwenden. Aber zahlreiche Gläubiger saßen ihm und seiner Frau Frieda Half im Nacken: der Spirituosenhersteller Carl Mampe AG, die musikalische Verwertungsgesellschaft STAGMA, die Berliner Stadtsteuerkasse, die Berufsgenossenschaft … Ein letzter Versuch, im August 1936 zu den Olympischen Spielen in Berlin mit einem »Binger Weinzelt« im Garten der Villa internationales Publikum anzulocken, schlug fehl, 40 Mitarbeiter verloren ihre Arbeit.[2]

---

1   Dr. Martin Maske: Berlin Cocktail. In: Das Magazin, Heft 8 (1931/32), S. 106.
2   Landesarchiv Berlin, A Rep. 342-02, Nr. 66290.

Werbepostkarte des »Kaffee Aquarium«. An den Fenstern zur Hardenberger Straße hin waren jetzt Aquarien aufgestellt.

Schlussendlich gab das Amtsgericht Berlin im »Deutschen-Reichsanzeiger« unter Konkurse und Vergleichssachen bekannt: »Über das Vermögen der Villa d'Este Cafe und Restaurations-Betriebs GmbH ist heute, am 19. Mai 1936, 11 Uhr, das Konkursverfahren eröffnet worden«[1].

Für einige Zeit schien unklar, wie es mit der Villa in der Hardenbergstraße weitergeht, bis der »Deutsche Offizier-Verein«, der weiterhin Besitzer des Hauses war, am 16. Juni 1938 einem Berliner Architekten die Erlaubnis gab, die Bauakten des Hauses einzusehen, damit dieser für seine Auftraggeberin, die nationalsozialistische »Ausstellungsleitung Berlin e. V.«, die Umgestaltung und Erweiterung der Villa zum »Haus der Kunst« planen konnte.

---

1   Deutscher Reichsanzeiger Nr. 118 vom 23.5.1936.

Denn für den städtebaulichen Umbau Berlins musste das »Haus der Kunst« von seinem bisherigen Standort am Königsplatz 4 weichen. Die vom »Generalbauinspektor für die Reichshauptstadt« Albert Speer geplante »Welthauptstadt Germania« sollte mit breiten Prachtstraßen, großen Paradeplätzen und imposanten Bauten glänzen. Um dafür Platz zu schaffen, wurde in den späten Dreißigerjahren mit dem Abriss erster Gebäude begonnen; davon waren auch viele Häuser am Königsplatz betroffen und bei der Suche nach neuen Räumlichkeiten für das »Haus der Kunst« war die leer stehende »Villa d'Este« ins Visier der »Ausstellungsleitung Berlin« geraten.

Nationalsozialismus und Ausstellungsleitung

»Einen neuen Geist« zeige das »neue Kunstheim« frohlockte eine Zeitung[1], als das Berliner »Haus der Kunst«, dessen Umzug in die Hardenbergstraße nun geplant wurde, im Juli 1935 am Königsplatz seine Pforten öffnete. Verantwortlich für den neuen Ausstellungsgeist war die im selben Jahr gegründete »Ausstellungsleitung Berlin e.V.«, die das »Haus der Kunst« betrieb und dort auch ihren Sitz hatte.

Zweck des Vereins war laut Satzung »die Förderung und Veranstaltung von Ausstellungen der bildenden Künste«[2]. Die NS-Jugendzeitschrift »Wille und Macht« wurde deutlicher: »Die ›Ausstellungsleitung Berlin‹ ist eine Gleichschaltung im Sinne des nationalsozialistischen Führerprinzips in der Kunst. Ihr Ziel ist eine Verstraffung des Kunstausstellungswesens«[3].

Diese »Verstraffung« gelang durch strikte Zensur, seitdem seit April 1935 reichsweit alle Kunstausstellungen von der »Reichskunstkammer«[4] abgesegnet werden mussten und das umfang-

---

1   Deutsche Zeitung Nr. 174 vom 1.8.1935, S. 2.

2   Landesarchiv Berlin, A Pr. Br. Rep. 030-04, Nr. 2034.

3   Rudolf Proksch: Mjölnir – der Zeichner der Bewegung. In: Wille und Macht, Band 3, Heft 17 (1935), S. 2 – 6.

4   Die im November 1933 gegründete »Reichskammer der bildenden Künste« (»Reichskunstkammer«) bestimmte, was gebaut, gezeichnet, gemalt, gehandelt, ausgestellt … werden durfte und von wem, denn jüdischen und »politisch unzuverlässigen« Kulturschaffenden wurde die Mitgliedschaft und damit die Berufsausübung bald verwehrt. Die bisherigen Berufsverbände waren zunächst Mitglied der Kammer, wurden dann jedoch aufgelöst beziehungsweise als Fachverband integriert – also gleichgeschaltet.

reiche Genehmigungsprozedere den Veranstaltern von Kunst-
schauen das Leben schwer machte[1], derweil die »Ausstellungsleitung« unter dem Vorsitz von Hans Schweitzer (*1901) den
Berliner Kunstausstellungsbetrieb mit einer Vielzahl offizieller
Schauen mehr und mehr in Beschlag nahm.[2]

Mit dem Grafiker Hans Herbert Schweitzer (Pseudonym »Mjölnir«) war eine Schlüsselfigur der nationalsozialistischen Kunstpolitik zum Vorsitzenden bestellt worden: Seine rassistische,
von Kampf und Gewalt bestimmte Bildsprache hatte ihn in den
Zwanzigerjahren zum bevorzugten Zeichner und Plakatgestal-
ter der NSDAP emporgesteigen lassen. Dann sank sein künst-
lerischer Stern, doch machte er in den Dreißigerjahren – nicht
zuletzt durch seine zeitweilig sehr enge Freundschaft zu Joseph Goebbels – als Kulturfunktionär Karriere: 1934 Mitglied
des Präsidialrates der »Reichskunstkammer« und Leiter des
»Reichsausschusses der Pressezeichner«, 1935 Ernennung zum
»Reichsbeauftragten für künstlerische Formgebung«, 1937 Mitglied der Kommission, die für die Wanderausstellung »Entartete Kunst« Kunstwerke der Moderne aus Museen auswählte
und sicherstellte, und 1938 Mitglied der »Verwertungskommis-
sion«, in der über das weitere Schicksal der beschlagnahmten
Kunst entschieden wurde.[3]

---

1   Erste Anordnung betr. die Veranstaltung von Kunstausstellungen und
    Kunstmessen vom 10. April 1935. In: Die Kunstkammer, Jg. 1, Heft 7 (1935),
    S. 2.
2   Weitere Vorstandsmitglieder des Vereins »Ausstellungsleitung Berlin«
    (Vereinsregisternummer 11984) waren die Maler Reinhold Koch-Zeuthen
    (*1889), Karl Storch (*1899), Gustav-Adolf Engelhardt (*1892) und Franz
    Eichhorst (*1885) sowie der Grafiker Gerhard Marggraff (*1892) und der
    Bildhauer Ludwig Isenbeck (*1882) (Landesarchiv Berlin, A Pr. Br. Rep. 030-
    04, Nr. 2034).
3   Siehe Gerhard Paul: Mjölnir. Eine deutsche Künstlerkarriere. In: Journal Ge-
    schichte, April/Juni (1991), S. 44 – 59.

In Bezug auf die »Ausstellungsleitung« beschränkte sich Schweitzer angesichts seiner Vielzahl an Ämtern und Aufgaben auf deren künstlerische Führung. Die organisatorische Verwaltung der Ausstellungen, des Etats und des Personals, die Pressebearbeitung, aber auch die »Bilderbeschaffung für Ministerium, Dienststellen und Privatpublikum«[1] erledigte ein Geschäftsführer. Auf diesen Posten hatte Schweitzer zum 1. April 1936 seinen Freund und Vertrauten Reinhold Koch-Zeuthen[2] gehievt. Als der als Lehrer an die »Vereinigten Staatsschulen für freie und angewandte Kunst« wechselte[3], folgte ab Mitte 1938 ebenfalls ein treuer Gefolgsmann: Karl Berthold (*1892).[4]

---

1   Geschäftsverteilungsplan (Bundesarchiv, R 55/1019, Blatt 26).
2   Der Maler Koch-Zeuthen war als Kulturfunktionär in zahlreichen Organisationen tätig, 1934 – 1936 war er Referent bei der »Reichskunstkammer« in der Abteilung »Malerei und Graphik«.
3   Otto Thomae: Die Propaganda-Maschinerie. Bildende Kunst und Öffentlichkeitsarbeit im Dritten Reich, Berlin 1978, S. 437.
4   Zu Karl Berthold siehe die Seiten 77 – 79.

Das »Haus der Kunst« am Königsplatz

Ursprünglich war das Anfang der 1850er-Jahre vom Berliner Architekten Friedrich Hitzig erbaute »Palais Pourtalès«[1] die Residenz des Grafen Charles von Pourtalès und seiner Familie. Nach dessen Tod (1871) wechselten die Besitzer, die Nutzung und sogar die Adresse des Hauses (von 1926 bis 1933 hieß der Königsplatz »Platz der Republik«) beständig, bis 1925/26 schließlich die Reichstagsverwaltung das Haus kaufte; damit gehörte es nun zum Immobilieneigentum des Deutschen Reiches (»Reichsfiskus«).

Nach dem Auszug des letzten Mieters, der japanischen Botschaftsdelegation, brachte die Reichstagsbibliothek 1929 Teile ihrer Periodika in den Kellerräumen des Gebäudes unter[2], während die oberen Etagen verschiedentlich für Ausstellungen genutzt wurden. Das Gebäude firmierte zu der Zeit als »Haus der Juryfreien«. Laut Berliner Adressbuch war die »Vereinigung Bildender Künstler Berlin e.V.« Mieterin des Hauses. Doch mit der nationalsozialistischen »Machtergreifung« 1933 wurde die Vereinigung liquidiert und 1935 zog die »Ausstellungsleitung Berlin e.V.« in das Gebäude, das seitdem »Haus der Kunst« hieß.

---

1 Bauakten Königsplatz 4 (Landesarchiv Berlin, A Pr. Br. Rep. 030-07, Nr. 646); Ehemaliges Palais des Grafen von Pourtalès. In: Die Bauwerke und Kunstdenkmäler von Berlin. Bezirk Tiergarten, Berlin 1955, S. 151; Eva Börsch-Supan (Hg.): Gottfried Semper und die Mitte des 19. Jahrhunderts, Basel 1976, S. 168/169.

2 Gerhard Hahn: Die Reichstagsbibliothek zu Berlin – ein Spiegel deutscher Geschichte, Düsseldorf 1997, S. 387.

Damit hatte die »Ausstellungsleitung Berlin« nun auch eine eigene Stätte der Kunstpräsentation, obwohl sich das Haus mit seinen rund 44 Räumen über drei Etagen nur bedingt für öffentliche Kunstausstellungen eignete.

Die erste Kunstschau im »Haus der Kunst« am Königsplatz 4 fand im Juli 1935 statt. Sie hieß »Berliner Kunst 1935« und war – allerdings unter veränderten Bedingungen – Nachfolgerin der »Großen Berliner Kunstausstellung«[1]. Präsentiert wurde, wie in allen folgenden Ausstellungen, Gegenwartskunst, die dem nationalsozialistischen Kunstdogma entsprach. Mit einer berühmt-berüchtigten Ausnahme: Die Wanderschau »Entartete Kunst«, deren Berliner Station der Königsplatz 4 war.[2]

Insgesamt ging es nicht um eine museale Präsentation von Kunst; die Ausstellungtätigkeit im »Haus der Kunst« hatte galerieartigen Charakter: Der Großteil der Kunstwerke war für den Verkauf bestimmt und die Schauen dauerten nur zwei bis acht Wochen, um dann – auf große Besuchermassen zielend – sehr oft auf weiteren Stationen durchs Reich zu wandern. Die kleinformatigen Kataloge, die zu ausgewählten Ausstellungen erschienen, enthielten daher meist auch keine erläuternden Texte, sondern lediglich ein Werksverzeichnis mit Preislisten und Zahlungsmodalitäten sowie wenige Abbildungen. Bei Verkäufen erhielt die Geschäftsstelle des »Haus der Kunst« eine Provision von 15 Prozent.[3]

---

1 Die große Berliner Ausstellung und die »Ausstellungsleitung Berlin e. V.«. In: Kirsten Baumann: Wortgefechte. Völkische und nationalsozialistische Kunstkritik 1927–1939, Weimar 2002, S. 376ff.

2 Katrin Engelhardt: Die Ausstellung »Entartete Kunst« in Berlin 1938. Rekonstruktion und Analyse. In: Uwe Fleckner (Hg.): Angriff auf die Avantgarde, Berlin 2007, S. 89–158.

3 Die Kunstkammer, Jg. 1, Heft 7 (1935), S. 23.

Mit der »Frühjahrs-Ausstellung des Frontkämpferbundes bildender Künstler« (5. März bis 6. April 1939) endete die Ära am Königsplatz 4, im Juni 1939 wurde das Haus abgerissen.

Der Verkauf

erfolgt ausschließlich durch Vermittlung des Verkaufsbüros der Ausstellungsleitung.

Die Ausstellungsleitung handelt in Vertretung des Künstlers (Verkäufers).

Ein Drittel der Kaufsumme ist bei Ankauf, der Rest nach Vereinbarung zu bezahlen. Das Eigentum an dem Werk geht erst nach Erstattung des vollen Kaufpreises an den Käufer über.

Beanstandungen können nach erfolgtem Ankauf (Zuschlag) nicht berücksichtigt werden.

Der Erfüllungsort ist Berlin.

Der Versand der verkauften Werke wird nach Schluß der Ausstellung für Rechnung und Gefahr des Käufers durch Vermittlung des Spediteurs Gustav Knauer, Berlin W 62, Wichmannstraße 7–8, vorgenommen.

Mit einzelnen Ausnahmen sind alle Werke verkäuflich.

Das Verkaufsbüro gibt über alle die Künstler und die Werke betreffenden Fragen gern jede nur mögliche Auskunft.

Verkaufsmodalitäten in den Ausstellungskatalogen

Das »›Hauses der Kunst‹ in Berlin zieht um« meldete im Juli 1939 die Zeitschrift »Die Weltkunst«: »Die Ausstellungsleitung Berlin des ›Hauses der Kunst‹ unter Leitung des Reichsbeauftragten für künstlerische Formgebung Professor Schweitzer verlegt infolge der baulichen Umgestaltung der Reichshauptstadt ihren Sitz von Königsplatz 4 nach der Hardenbergstraße 21/23 (Villa d'Este). Das zur Zeit noch im Umbau befindliche Haus wird im Herbst an einer der verkehrsreichsten Straßen des Westens am Bahnhof Zoo seine Pforten wieder öffnen«[1].

Neuer Mieter der »Villa d'Este« war nun die »Ausstellungsleitung Berlin e. V.«. Vergangen die Zeiten als Tanz, Glücksspiel und ausgelassene Feiern hier Zuhause waren. Die Räume wurden als Büros der »Ausstellungsleitung« sowie als Ausstellungsfläche für das »Hilfswerk für die deutsche bildende Kunst«[2] genutzt und im Dachgeschoss fanden (Gäste-)Zimmer, Küche und Akten ihren Platz. Ob darüber hinaus der geplante Rückbau der neobarocken Villenfassade – einst Symbol des sozialen Aufstiegs von Wilhelm Koch – vorgenommen wurde (»An dem bestehenden Villengebäude sollen die hässlichen Dachaufbauten und Giebel abgebrochen werden und durch eine ruhige gelagerte Fensterfront im Dachgeschoss ersetzt werden, sodass die dort befindlichen Wohnräume bessere Belichtung erhalten«[3]), ist nicht bekannt.

---

1 Die Weltkunst, Jg. XIII, Nr. 26/27 (1939), S. 12.

2 Das 1937 gegründete »Hilfswerk für die deutsche bildende Kunst« ermöglichte Künstlern der »Reichskunstkammer« mit den Ausstellungsräumen in Berlin und Wanderausstellungen einen kommissionsfreien Verkauf ihrer Werke. Darüber hinaus sollte die Kunst durch eine subventionierte Preisgestaltung auch für größere Bevölkerungsteile erschwinglich werden. Siehe Ines Schlenker: Hitler's Salon. The Grosse Deutsche Kunstausstellung at the Haus Der Deutschen Kunst in Munich 1937–1944, Bern 2007, S. 188–191.

3 Landesarchiv Berlin, B Rep. 207, Nr. 190, Blatt 107.

Um zusätzliche Ausstellungsfläche zu schaffen, entstand im rückwärtigen Garten des Hauses nach den Plänen des Architekten Willi Erdmann[1] ein fast 700 Quadratmeter großer, U-förmiger Pavillon mit einer gläsernen Dachkonstruktion, einer großen Halle (siehe Foto Seite 96) und kleinen offenen Räumen (siehe Foto Seite 62). Die Baukosten dieser Ausstellungsräume teilten sich das »Reichspropagandaministerium« und die Stadt Berlin.

Eröffnung der neuen Ausstellungshalle im Dezember 1940

---

1 Willi Erdmann, Tirpitzufer 64, Berlin W. 35. Seit Anfang der Dreißigerjahre plante Erdmann (*1887) vor allem Wohn- und Siedlungsbauten (zum Beispiel 1933 – 1939 für die GEWOBAG in Spandau) und Bauernhöfe (unter anderem Musterhöfe für Umsiedler), aber auch die bauliche Ausstattung für öffentliche Veranstaltungen, wie beispielsweise die Jahreskundgebung der Reichskulturkammer 1934 im Schöneberger Sportpalast. Siehe Maria Theresia Litschauer: Architekturen des Nationalsozialismus. Ein konzeptkünstlerisches Forschungsprojekt, Köln · Weimar · Wien 2012; Michael Haben: Berliner Wohnungsbau 1933 – 1945. Mehrfamilienhäuser, Wohnanlagen und Siedlungsvorhaben, Berlin 2017.

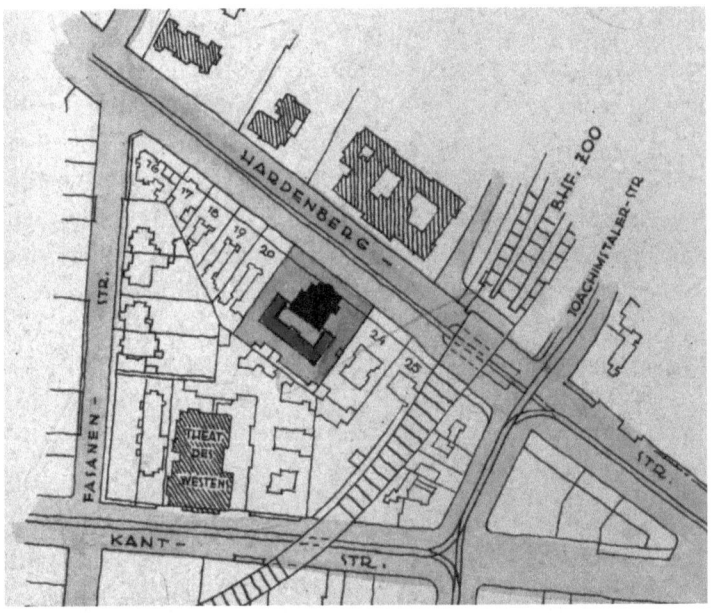

Zeichnung des Architekten Will Erdmann von 1939 zur Lage des U-förmigen Ausstellungsanbaus hinter der Villa

Denn Letztere suchte dringend nach neuen Ausstellungsflächen für die Berliner Künstlerschaft, nachdem »Säle in den Verwaltungsgebäuden [...] durch Einrichtung von [Lebensmittel-]Kartenstellen in Fortfall gekommen«[1] waren.

Im April 1940 war die Rohbauabnahme des Anbaus, am 7. Dezember desselben Jahres wurde er mit der »Großen Berliner Kunstausstellung« eingeweiht.

---

1 Kriegsverwaltungsbericht des Hauptkulturamts der Stadt Berlin für die Zeit vom 1. September 1939 bis 31. März 1941 (Landesarchiv Berlin, A Rep. 021-02, Nr. 207, -4-). Für die »Rathaus-Ausstellungen« unter der Leitung der »Ausstellungsleitung Berlin« hatte der Berliner Oberbürgermeister seit 1935 Räumlichkeiten in den Rathäusern Wilmersdorf und Schöneberg zur Verfügung gestellt (Die Kunstkammer, Jg. 1, Heft 10 (1935), S. 22).

Positiv wurde in Besprechungen angemerkt, »daß der Bau dieser neuen Kunstausstellungsräume trotz der Kriegsverhältnisse jetzt fertiggestellt werden konnte, denn bei dem noch vorhandenen Mangel an Ausstellungsräumen in Berlin bedeutet diese neue Ausstellungshalle eine wertvolle Bereicherung des Berliner Kunstausstellungslebens«[1]. Doch kritische Stimmen sprachen auch von »Notbehelf« und architektonischen Mängeln, wie zu kleinen Kabinetten, die nur von einem Mittelgang betreten werden könnten, oder mangelnde Lichtführung, die das Innere der Räume fast im Halbdunkel lasse.[2]

Blick in einen seitlichen Ausstellungsarm

---

1   Robert Scholz: Große Berliner Kunstausstellung. Die Reichshauptstadt hat eine neue Kunsthalle. In: Völkischer Beobachter vom 8.12.1940, S. 3.
2   Fritz Hellwag: Berliner Kunstausstellung wurde erstmalig im neuerbauten Pavillon an der Hardenbergstraße veranstaltet. In: Die Kunst für alle. Malerei, Plastik, Graphik, Architektur, Heft 56 (1940/41), S. 2.

Schriftzug über dem Eingang der neuen Ausstellungshalle

Regelmäßig fanden nun von Ende 1939 bis 1943 in der »Berliner Kunsthalle« (so wurde sie ab April 1941 zur deutlichen Abgrenzung vom Münchner »Haus der Kunst« genannt) Ausstellungen statt: viele reine Verkaufsschauen, etliche Ausstellungen mit Werken von Künstlern verbündeter oder befreundeter Staaten, vor allem aber Ausstellungen, die – wie bereits am Königsplatz – inhaltlich und stilistisch unmissverständlich einer propagandistischen Richtung folgten.

Leider ist über genaue Besucher- und Verkaufszahlen des »Haus der Kunst« beziehungsweise der »Berliner Kunsthalle« nichts bekannt. Einen lediglich kleinen Hinweis auf den Erfolg der Ausstellungen bietet ein Brief von 1942 an das »Reichspropagandaministerium«. Darin schreibt der Geschäftsführer der

»Ausstellungsleitung«, Karl Berthold, dass die Einnahmen der »Großen Berliner Kunstausstellung« (in der Nationalgalerie) die entstandenen Unkosten bereits überstiegen und darüber hinaus »der finanzielle Erfolg dieses Jahres so groß sein wird, daß es ermöglicht, unsere Unkosten in der Gesamtheit selbst zu bestreiten. Ich bitte daher, ab 1. Juli 1942 bis auf Weiteres keine monatlichen Vorauszahlungen mehr auf unsern Etat zu überweisen. Ich freue mich, diesen Erfolg mitteilen zu können«[1].

Nicht nur in Berlin, reichsweit scheinen sich die Ausstellungen mit NS-Gegenwartskunst auch während des Zweiten Weltkriegs großer Beliebtheit erfreut zu haben und florierte der Verkauf von Kunstwerken – trotz eines zum Teil hohen Preisgefüges. Wobei sehr viele Ankäufe auch durch Parteiorgane, Banken, große Firmen oder staatliche Institutionen erfolgten. So hatte die »Reichskunstkammer« einen beträchtlichen Etat zum Ankauf von Kunstwerken, den ihre Landesleitungen nutzten, um Diensträume auszustaffieren oder Geschenke zu machen.[2]

---

1 Bundesarchiv, R 55/1019, Blatt 13.
2 Siehe Otto Karl Werckmeister: Politische Führung und politische Überwachung der deutschen Kunst im Zweiten Weltkrieg. In: Wolfgang Ruppert (Hg.): Künstler im Nationalsozialismus. Die Deutsche Kunst, die Kunstpolitik und die Berliner Kunsthochschule, Köln · Weimar · Wien 2015, S. 107–125; Nina Kubowitsch: Die Reichskammer der bildenden Künste. Grenzsetzungen in der künstlerischen Freiheit. In: Ebenda, S. 89; Ute Haug: Der Kölnische Kunstverein im Nationalsozialismus. Struktur und Entwicklung einer Kunstinstitution in der kulturpolitischen Landschaft des »Dritten Reichs«, Aachen 1998, S. 86.

Bohème und Krieg – der Pressezeichner Theo Matejko

Wenn in den Zwanzigerjahren in der Hardenbergstraße 21/23 der Klub »Bühne & Film« am Abend die Türen öffnete, gehörte er stets zu den ersten Gästen: der Künstler Theo Matejko (*1893). Zusammen mit seiner Frau, der Schauspielerin Erika Fiedler (*1906), war er dort Stammgast. Fast zwei Jahrzehnte später kehrte Matejko mit Bildern vom Kriegsgeschehen an die einstige Stätte des Schauspielerklubs zurück. Dreizehn Zeichnungen von ihm waren Anfang 1941 Bestandteil der Ausstellung »Die Pressezeichnung im Krieg« (siehe Seiten 90/91).

Die aufblühende Presselandschaft Berlins in der Weimarer Republik hatte auch den in Wien geborenen Matejko angelockt, denn die »Presse der Stadt wirkte in dieser Zeit wie ein gewaltiger Magnet, der gierig Talente anzog«[1]. Und großes Talent hatte Matejko zweifelsohne; sein schwungvoller Zeichengestus begeisterte die Leserschaft der auflagenstarken »Berliner Illustrirten Zeitung« des Ullstein-Verlages und machte ihn zur grafischen Galionsfigur der Wochenzeitung. Matejko schuf die Bilder zu den wichtigen Sportereignissen, wie das Sechs-Tage-Rennen, Boxkämpfe oder Autorennen, skizzierte das ausgelassene Berliner Gesellschaftsleben, insbesondere ihre schillernde Halb- und Unterwelt, sowie Alltagsgeschichten jeder Art – kaum einer war ein besserer Chronist des bewegten und pulsierenden Lebens der Weimarer Republik.

---

1   Oliver Bentz: Theo Matejko. Kraft, Tempo und Dynamik. In: Wiener Zeitung vom 13.07.2014.

Er selber formulierte es so: »Das Porträt lockt mich nicht. Mich interessiert vor allem das ›Geschehen‹, und so sehe ich den Menschen immer im Mittelpunkt eines Geschehens, in voller Aktion seiner Lebensäußerungen. Bewegung ist Leben, – und mich bewegt das Problem der Darstellung dieses Lebens«[1].

Und natürlich war der sportbegeisterte Matejko auch mit dabei, als der Verein »Bühne & Film« im Juli 1925 ein Autorennen auf der Avus veranstaltete (»Man denke: die Bühnen- und Filmlieblinge des Publikums höchst eigenhändig am Steuer der im 100-Kilometer-Tempo auf der Rennstraße daherrasenden Kraftwagen!«[2]). Gleich bei zwei der vier Rennen hatte er sich samt Beifahrer angemeldet, kam aber mit seinen exklusiven Rennwagen der Marken »Apollo« und »Delage« nicht ins Ziel.[3]

1935 dann ein großer Bruch im Leben von Matejko. Nach einer mehrmonatigen Gefängnisstrafe (nach § 176)[4] erhielt er keine Aufträge mehr vom – inzwischen »arisierten« – Ullstein-Verlag, sodass er ab April 1937 für die vom Reichskriegsministerium beziehungsweise dem Oberkommando der Wehrmacht herausgegebene Zeitschrift »Die Wehrmacht«[5] zeichnete, bis zum letzten Jahrgang 1944.

---

1   Das Theo Matejko Buch. Zeichnungen als Aufzeichnungen aus zweieinhalb Jahrzehnten, Berlin ohne Jahr und Seitenzahlen. Das Buch mit zahlreichen Zeichnungen Matejkos erschien, wahrscheinlich Ende der Dreißigerjahre, im Berliner Kommodore Verlag von Hans-Joachim von Killisch-Horn, einem der Mitbegründer und Geschäftsführer des Verlages »Die Wehrmacht GmbH«.

2   Adolf Stein: Haste Worte vom 16.7.1925.

3   B.Z. am Mittag vom 4.7.1925, 2. Beilage zum Sport.

4   Reichskammer der bildenden Künste. Landesleitung Berlin. Personenakte Theo Matejko (Landesarchiv Berlin, A Rep. 243-04, Nr. 5688).

5   João Arthur Ciciliato Franzolin: »Die Wehrmacht«. Die offizielle Illustrierte Propagandazeitschrift der Deutschen Wehrmacht für das In- und Ausland (1936 – 1944), Flensburg 2017.

Nun stellte Matejko seine große künstlerische Begabung der NS-Propaganda zur Verfügung: Seine Zeichnungen schmückten viele Titelbilder der Wehrmachtszeitschrift und illustrierten ihre Reportagen oder wurden als Postkarten weithin vertrieben. Als »Berichterstatter« im Stab der »Legion Condor« fertigte er Bildmaterial über deren Einsatz im Spanischen Bürgerkrieg für das Verlagssonderheft »Wir kämpften in Spanien«. Und während des Zweiten Weltkriegs war Matejko schließlich – wie viele seiner Künstlerkollegen – als »Kriegsberichter« auch im Frontgeschehen involviert.

Mit der gleichen stilistischen und atmosphärischen Ausdruckskraft, mit der er zuvor das Berliner Leben porträtiert hatte, zeichnete er nun Bilder vom Krieg: Da wurde das U-Boot zum spannungsgeladenen Abenteuerort, das Kampfflugzeug zum heroischen Geschoss der Lüfte oder ein deutscher Angriff zum Inferno für den Gegner.

Zeichnung von Theo Matejko »Deutscher Luftangriff auf Birmingham« in der Ausstellung »Die Pressezeichnung im Krieg« (1941)

Rückblickend erscheint Matejkos Haltung nach 1933 ambivalent. Während er einerseits mit seinen Zeichnungen den Krieg glorifizierte und das Ehepaar Matejko Kontakt zu NS-Größen pflegte, unterstützten sie gleichzeitig den ehemaligen Ullstein-Kollegen Wilhelm Meyer und dessen Frau Susanne, die als Juden von Schikanen und Deportation bedroht waren.[1]

Matejko selber entfloh mit seiner Frau dem Bombardement Berlins gegen Ende des Kriegs Richtung Süddeutschland. Dort starb er Ende 1946 an einem Gehirnschlag.

---

1   Beate Kosmala: Solidarität mit verfolgten Kollegen – Die Rettung der Susanne Meyer. In: Arno Lustiger: Rettungswiderstand. Über die Judenretter in Europa während der NS-Zeit, Göttingen 2011, S. 58.

Kitsch und Kunst

Fortwährend organisierte die »Ausstellungsleitung« auch während des Zweiten Weltkriegs Propagandaschauen in der »Berliner Kunsthalle«. 1940 kam ein weiteres Dienstgeschäft hinzu: Der »Ausschuß zur Begutachtung minderwertiger Kunsterzeugnisse« hielt Einzug in die Hardenbergstraße 21/23.

Dazu ein Rückblick: Eine Welle von Alltagsgegenständen mit NS-Symbolen überschwemmte nach der »Machtergreifung« den deutschen Markt; alles Mögliche wurde mit Hakenkreuzen oder Hitlerbildnissen garniert.[1] Erfinderische Firmen sahen hier ihre kommerzielle Chance – das Regime sah seine Machtinsignien der Lächerlichkeit preisgegeben beziehungsweise des Deutungsmonopols beraubt. Bereits im Mai 1933 wurde daher das »Gesetz zum Schutz der nationalen Symbole« erlassen. Mit zahlreichen Durchführungsbestimmungen und Kommissionen bemühte man sich in den folgenden Jahren, den »Nationalen Kitsch«, so die populäre Bezeichnung, in den Griff zu bekommen. Was nicht wirklich gelang, da im Kompetenzwirrwarr zwischen diversen Behörden sowie zwischen Staatsorganen und Partei nicht immer klar war, wer was zu entscheiden hatte, und so Schlupflöcher für die Herstellung und den Vertrieb von nicht erwünschten »Hakenkreuz-Devotionalien« blieben.[2]

---

1 Siehe eine exemplarische Zusammenstellung von Objekten bei Rolf Steinberg: Nazi-Kitsch, Darmstadt 1975.
2 Siehe Wenke Nitz: Fort mit dem nationalen Kitsch! Die Reglementierung des Umgangs mit politischen Symbolen im Nationalsozialismus. In: Vittoria Borsó/Christiane Liermann/Patrick Merziger (Hg.): Die Macht des Populären. Politik und populäre Kultur im 20. Jahrhundert, Bielefeld 2010, S. 115 – 144.

Dessen ungeachtet zog der Kampf gegen den »Kitsch« weitere Kreise und erfasste auch den Kunstbetrieb. Nach immer wieder-kehrenden Beschwerden von Teilen der Künstlerschaft und des Kunsthandels über die Konkurrenz durch billige und in großen Mengen produzierte Kunstartikel, durch die man nicht nur die »kulturelle Mission« Deutschlands, sondern auch seine eigene ökonomische Position gefährdet sah[1], handelte das »Reichspro-pagandaministerium«. Am 22. August 1940 gab Joseph Goeb-bels auf seiner (täglichen) Ministerkonferenz die Anweisung: »Herr Gutterer soll durch die Herren Ziegler, Dr. Biebrach und Schweitzer Erlasse ausarbeiten lassen und bis Ende nächster Woche vorlegen, die in nicht kleinlicher Weise zur Unterbin-dung des nationalen Kitsches mithelfen sollen. Der Minister unterstreicht eine Anregung von Herrn Hinkel, daß die Aktion zweckmäßig bei den Fabriken, Verlagen und Kunsthandlungen anzusetzen hat«[2].

Ergebnis war die »Anordnung über den Vertrieb minderwer-tiger Kunsterzeugnisse«[3], die schon kurze Zeit später (am 1. Oktober) in Kraft trat. Sie regelte den Handel mit »bestimm-ten Erzeugnissen der Malerei, Bildhauerei und Graphik oder deren Vervielfältigungen«. Jetzt ging es nicht mehr um Stuhl-

---

1   Meldungen aus dem Reich, Nr. 116 vom 19.8.1940. In: Heinz Boberach (Hg.): Meldungen aus dem Reich 1938–1945, Bd. 4, S. 1483/1484.

2   Willi A. Boelcke: Kriegspropaganda 1939–1941. Geheime Ministerkonferen-zen im Reichspropagandaministerium, S. 473. Leopold Gutterer (*1902), seit August 1940 Direktor aller Fachabteilungen (außer Presse und Fremden-verkehr) im »Reichspropagandaministerium« (RMVP). Adolf Ziegler (*1892), von 1936 bis 1943 Präsident der »Reichskammer der bildenden Künste«. Kurt (Moritz) Biebrach (*1885), seit Februar 1940 Leiter der Abteilung »Bil-dende Kunst« im RMVP. Hans Hinkel (*1901), seit Mai 1939 Leiter der Ab-teilung »Besondere Kulturangelegenheiten« im RMVP und seit Juli 1940 zudem kommissarischer Hauptgeschäftsführer der Reichskulturkammer.

3   Mitteilungsblatt der Reichskammer der bildenden Künste, Jg. 5, Heft 10 (1940), S. 2.

untersetzer mit Hakenkreuz oder Hitlers Konterfei auf Weih-
nachtskugeln, sondern um den Verkauf »minderwertiger Dru-
cke, Photos oder Ölgemälde«[1] in Kunsthandlungen, Rahmen-,
Postkarten- und ähnlichen Geschäften.

Unter »Darlegung des Sachverhaltes (Angaben über Gegen-
stand, Hersteller, Vertrieb usw.)« konnte nun jedermann dem
ebenfalls im Oktober 1940 gegründeten »Ausschuß zur Begutachtung minderwertiger Kunsterzeugnisse« Waren und
Werke melden, die nach seiner Meinung unter die Verordnung
fielen.[2] Konkret wurden aber auch Personen als Kundschafter
angesprochen: »Ihre ganze Aufgabe beschränkt sich also im
wesentlichen darin, dass Sie uns laufend über das Auftauchen,
das Herstellen und den Vertrieb von Kitscherzeugnissen [...]
unterrichten«[3]. Nicht zuletzt durchforsteten Mitarbeiter der
regionalen »Reichskunstkammern« auf der Suche nach Kitsch-
objekten Kunsthandlungen ebenso wie normale Geschäfte.[4]
Dazu zählte in Ausflugsorten insbesondere auch der »Anden-
kenkitsch«, der nach der Verordnung nunmehr auch genehmi-
gungspflichtig war.[5]

Und es blieb nicht beim konsequenten Durchgreifen gegen
(vermeintlich) schlecht ausgeführte heimische oder ausländi-
sche Kunstmassenware. Schnell richtete sich der Blick – über

---

1   Meldungen aus dem Reich, Nr. 92 vom 30.5.1940. In: Heinz Boberach (Hg.):
    Meldungen aus dem Reich 1938–1945, Bd. 4, S. 1194.
2   Bundesarchiv, NS 6/820, Blatt 167.
3   Sicherheitsdienst(SD)-Abschnitt Augsburg an Gauheimatpfleger Dr. Eberl
    (Bezirksheimatpflege Schwaben, Nachlass Eberl, ohne Datum).
4   Bundesarchiv, R 9361-V/103287 und R 9361-V/102836.
5   Bundesarchiv, R 11/1365; Salzburger Landeszeitung vom 1.4.1941, S. 4; sie-
    he auch »Souvenirs and the Nazi struggle against kitsch«. In: Kristin Sem-
    mens: Seeing Hitler's Germany. Tourism in the Third Reich, London 2014,
    S. 77–81.

den ursprünglichen »Sonderauftrag Entkitschung der deutschen Kunst«[1] hinaus – auch auf Kunstwerke der Moderne. Eine »energische Durchführung« der Anordnung sollte gewährleisten, »daß in absehbarere Zeit nicht nur Kitscherzeugnisse, sondern vor allem auch die letzten Entartungserscheinungen aus Kunsthandel und Ausstellungen verschwinden«[2].

Bereits im April 1941 hatte Reichskammerpräsident Adolf Ziegler diesen Aspekt bekräftigt: »Ich werde [...] unerbittlich gegen jeden vorgehen, der Werke der Verfallskunst erzeugt oder solche als Künstler oder Händler verbreitet«[3]. Denn im Gegensatz zu den Beständen moderner Kunst in Museen, Galerien und Sammlungen der öffentlichen Hand, die bereits 1937 in zwei Beschlagnahmeaktionen konfisziert worden waren, war es trotz harter kulturpolitischer Bandagen und zahlreicher Initiativen – gerade auch durch den »Reichsbeauftragten« Schweitzer – bis dato nicht gelungen, in Gänze den Handel mit avantgardistischer Kunst in privat geführten Galerien und Sammlungen zu unterbinden. Nun eröffnete sich mit der »Anordnung über den Vertrieb minderwertiger Kunsterzeugnisse« ein rechtlicher Freibrief auch hier tätig zu werden und nicht genehme Kunstwerke aus dem Verkehr zu ziehen.

So wurden reichsweit die Werke von Künstlern auf Ausstellungen, in Galerien oder im Privatbesitz durch die Polizei- und Sicherheitsorgane des »Reichssicherheitshauptamtes« konfisziert und zur Begutachtung nach Berlin in die Hardenbergstra-

---

1 Bundesarchiv, R 55/1019, Blatt 11.
2 Meldungen aus dem Reich, Nr. 189 vom 26. Mai 1941. In: Heinz Boberach (Hg.): Meldungen aus dem Reich 1938–1945, Bd. 7, S. 2346.
3 Berlin, den 23.4.1941, Der Präsident der Reichskammer der bildenden Künste, Aktenzeichen: Präs. 701, 15/1281, Entartete Kunst. In: Mitteilungsblatt der Reichskammer der bildenden Künste, Jg. 6, Heft 5 (1941), S. 4.

ße 21/23 geschickt. Dort tagte in regelmäßigen Abständen der Ausschuss (Hans Schweitzer, Johannes Schmidt, Michael Bauer, Paul Pfund, Otto Polus und Ernst Hickmann)[1] und fällte sein Urteil über Kitsch und über Kunst.

In welchem Verhältnis der Kampf gegen die »Verfallskunst« zum Kampf gegen »Kitsch« stand, ist unklar. Während die Ausschussmitglieder Schmidt und Bauer, als Geschäftsführer zweier führender Kunstverlage, ein erhebliches wirtschaftliches Interesse daran gehabt haben dürften, unliebsame Konkurrenz im Bereich der Kunstreproduktionen und Wandschmuckblätter im Zaum zu halten[2], lag das Augenmerk der Künstler und langjährigen Kulturfunktionäre Polus, Pfund und insbesondere Schweitzer sicherlich eher darauf, ihre Vorstellungen einer »deutschen« Kunst durchzusetzen und zu kontrollieren.

Auch in welchem Ausmaß der Ausschuss zwischen 1940 und 1945 tatsächlich tätig war, ist unklar. Die NSDAP berichtete

---

1 Johannes Schmidt (*1882), seit 1926 Direktor des »Kunstverlages Trowitzsch & Sohn«, Frankfurt/Oder. Michael Bauer (*1883), Inhaber der Münchner Firma »Anton Inama Nachf. Leisten- und Rahmenfabrik« und seit Mitte der Dreißigerjahre Leiter der Firmen des Fotografen Heinrich Hoffmann. Paul Pfund (*1895), Grafiker, seit 1933 Vorsitzender des »Bundes Deutscher Gebrauchsgraphiker« beziehungsweise Leiter der »Fachgruppe Gebrauchsgraphik in der Reichskammer der bildenden Künste« (RKdbK). Otto Polus (*1889), Maler, erst Referent und seit 1940 Leiter der Abteilung »Malerei und Graphik, Bildhauerei« in der RKdbK. Polus war 1937 auch Mitglied der Beschlagnahmekommissionen von Kunstwerken in Chemnitz (Verein Kunsthütte und Kunstsammlung) und Bautzen (Stadtmuseum). Ernst Hickmann (*1897), von 1934 bis 1945 Abteilungsleiter in der Reichswirtschaftskammer.
2 Siehe zu Johannes Schmidt/Kunstverlag Trowitzsch & Sohn: Bundesarchiv, R 9361-V/106584; Andreas Graf: Zweieinhalb Jahrhunderte Produktion populärer Schriften: Die Verlage Trowitzsch & Sohn in Frankfurt/Oder und Berlin (1711–1952). In: Leipziger Jahrbuch für Buchgeschichte, Band 19 (2010), S. 9–41. Zur Unternehmensgeschichte des »Heinrich Hoffmann–Verlag nationalsozialistischer Bilder« siehe Rudolf Herz: Hoffmann & Hitler. Fotografien als Medium des Führer-Mythos, München 1994, S. 52ff.

1943 in einer internen Verlautbarung, dass der »Prüfungsaus-
schuß in letzter Zeit [...] energisch durchgegriffen und zahlreiche Verbote und Beschlagnahmen ausgesprochen« hätte.[1] Doch
der Aktenumfang zur »Tätigkeit des Ausschusses für Reisean-
denken und des Ausschusses zur Begutachtung minderwertiger Kunsterzeugnisse bei der Reichskammer der bildenden
Künste«[2] ist dürftig. Weitere Hinweise finden sich vereinzelt in
Monografien über Galerien und Künstler sowie in Reichskam-
merakten. Darin wird deutlich, wie willkürlich und abhängig
von persönlichen Beziehungen der Ausschuss agierte.[3]

Und was passierte mit den beschlagnahmten Kunstwerken?
Laut Erich Mai (*1900), zum damaligen Zeitpunkt Hauptabteilungsleiter und stellvertretender Geschäftsführer der »Reichskunstkammer«, gab es ob einer möglichen Veräußerung dieser
Kunstwerke zwischen dem Reichspropaganda- und dem Justiz-
ministerium Verhandlungen, wie dies rechtlich geklärt werden
könnte – ob und wie die Verhandlungen ausgingen, ließ sich
nicht ermitteln.[4]

---

1   Verfügungen, Anordnungen, Bekanntgaben der NSDAP, IV. Band (1943),
    S. 184.
2   Bundesarchiv, R 11/1365.
3   Siehe Yvo Theunissen: »Entartete Kunst« und privates Ausstellungswesen. Die
    Galerie Alex Vömel in Düsseldorf. In: Anselm Faust (Hg.): Verfolgung und Wi-
    derstand im Rheinland und in Westfalen 1933–1945, Köln 1992, S. 234–244;
    Aya Soika/Bernhard Fulda: Emil Nolde – Eine deutsche Legende. Der Künst-
    ler im Nationalsozialismus. Chronik und Dokumente, München 2019; Maike
    Bruhns: Kunst in der Krise. Hamburger Kunst im 3. Reich, München 2001,
    Bd. 1, S. 199–203 (Wolf Hildebrandt); Christoph Thun-Hohenstein/Kathrin
    Pokorny-Nagel (Hg.): Franz von Zülow. Papier, Wien 2013, S. 114; Michael
    Sauer: Bartold Asendorpf, Schweinfurt 1988, S. 94–97; Alfred Bruns. Gemäl-
    de, Aquarelle, Zeichnungen, Druckgraphik 1930–1974, Oldenburg 1994,
    S. 13/14; Landesarchiv Berlin, A Rep. 243-04, Nr. 3437 (Personenakte Otto
    von der Heyde); Bundesarchiv R 9361-V/99980 (Adolf Friedrich).
4   Verhör Erich Mai. In: Restitution Research Records. Interrogations: Reichs-
    kammer Der Bildenden Künste, S. 20.

Ende und Neuanfang

Mitte 1942 wurde Hans Schweitzer von seiner Arbeit beim »Ausschuß zur Begutachtung minderwertiger Kunsterzeugnisse« entbunden. Vorgeblich auf eigenen Wunsch.[1] Doch ausschlaggebend war die starke Unzufriedenheit mit seinen kulturpolitischen Entscheidungen (die unter anderem in Goebbels Tagebuchaufzeichnungen aus den Jahren zuvor immer wieder zum Ausdruck kommt), sodass ihm überdies bei der »Ausstellungsleitung Berlin e. V.« eine dreiköpfige Jury zur Seite gestellt wurde.[2]

Andererseits ging Schweitzer bereits seit Kriegsbeginn verstärkt und sehr erfolgreich wieder seiner ursprünglichen Profession als politischer Karikaturist nach. Ab Ende 1942 gehörte er als Kriegsmaler schließlich der, vermutlich von Hitler persönlich initiierten, »Staffel bildender Künstler« an; eine der Wehrmacht unterstehende kriegspropagandistische Sondertruppe mit weitreichenden Privilegien.[3]

---

1   Bundesarchiv, R 55/24105, Blatt 92 und 97.
2   Jurymitglieder waren der Leiter der Abteilung »Bildende Kunst« im RMVP Kurt Biebrach sowie seine Mitarbeiter, die Kunsthistoriker Rolf Hetsch (*1903) und Irmgard (Irene) Koska (*1912) (Bundesarchiv, R 55/24105, Blätter 68ff.; Elke Fröhlich (Hg.): Die Tagebücher von Joseph Goebbels, München 2001; Verhör Erich Mai. In: Restitution Research Records. Interrogations: Reichskammer Der Bildenden Künste, S. 16).
3   Gerhard Paul: Mjölnir. Eine deutsche Künstlerkarriere. In: Journal Geschichte, April/Juni (1991), S. 56; zur »Staffel bildender Künstler« siehe Veit Veltzke: Kunst und Propaganda in der Wehrmacht. Gemälde und Grafiken aus dem Russlandkrieg, Bielefeld 2005, S. 97ff.

Schweitzers Platz als Ausschussvorsitzender nahm Hellmut Sachs[1] ein, Hauptabteilungsleiter in der »Reichskunstkammer«, der nun vom Blumeshof 4–6 aus, dem Sitz der Kammer, die Arbeit weiterführte.

Karl Berthold musste zum 31. Dezember 1942 seinen Dienst als Geschäftsführer der »Ausstellungsleitung Berlin« quittieren[2]; allerdings eröffnete er Anfang 1943 auf dem Gelände der »Berliner Kunsthalle« eine eigene Galerie. Seine Position übernahm Irmgard Sauer (*1905), die bereits seit 1936 für die »Ausstellungsleitung« arbeitete.

---

1 Der Architekt Hellmut Sachs (*1905) war seit 1936 Mitarbeiter der RKdbK, 1937 Mitglied der Kommission, die Kunstwerke aus Museen für die Ausstellung »Entartete Kunst« beschlagnahmte, seit 1938 zudem Schriftleiter des »Mitteilungsblattes« der RKdbK. Nach 1945 arbeitete Sachs als Architekt und Autor in der DDR (Lebenslauf: Bundesarchiv, R 55/22640; Aufnahmekartei des »Bundes deutscher Architekten in der DDR«, Signatur B_2-7143).
2 Bundesarchiv, R 55/24105, Blatt 88.

»Deutsche« und traditionelle Kunst –
der Galerist Karl Berthold

Mitten im Zweiten Weltkrieg, zum 1. Januar 1943, eröffnete
Karl Berthold sein »Kunstkabinett Karl Berthold. Malerei –
Graphik – Plastik«[1] in den Räumen der Villa Hardenbergstra-
ße 21/23. Die »Reichskunstkammer« hatte keine Einwände:
»Gegen die von der Ausstellungsleitung Berlin [...] geplante
Vermietung der unteren Räume im Vorderhaus der Berliner
Kunsthalle, die bisher dem ›Hilfswerk für deutsche bildende
Kunst‹ zur Verfügung standen, an Herrn Berthold zur Einrich-
tung eines Kunsthandels bestehen keine Bedenken, sofern dort
wirklich gute Werke zeitgenössischer Künstler zum Verkauf ge-
stellt werden«[2].

Was Karl Berthold darunter verstand, hatte er bereits im Oktober 1936 in einem Brief an den Hamburger Kultursenator
Wilhelm von Allwörden dargelegt.[3] In dem Schreiben wetterte
er gegen die »Schmierereien« moderner Kunst, die »z. T. von Juden gelieferten Bilder inmitten wirklich guter deutscher Künstler«, die er bei einem Besuch in der »Hamburger Kunsthalle«

---

1 Gewerbeanmeldung vom 5.3.1943. Reichskammer der bildenden Künste.
Landesleitung Berlin. Personenakte Karl Berthold (Landesarchiv Berlin, A
Rep. 243-04, Nr. 643, Blatt 2210).

2 Brief an den Reichspropagandaminister vom 30.9.1942. Reichskammer der
bildenden Künste. Landesleitung Berlin. Personenakte Karl Berthold (Landesarchiv Berlin: A Rep. 243-04, Nr. 643, Blatt 2216). Das »Hilfswerks für die
deutsche bildende Kunst« war im Sommer 1942 aufgelöst worden. Siehe:
Mitteilungsblatt der Reichskammer der bildenden Künste, Jg. 7, Heft 8/9
(1942), S. 3.

3 Brief vom 31.10.1936 (Archiv Hamburger Kunsthalle, Slg. 910, Blatt 189).

gesehen hatte und drohte weiter »Ich hatte die Absicht, den mir persönlich bekannten Reichsbeauftragten für künstlerische Formgebung, Pg. Schweitzer, von meinen Beobachtungen zu berichten, da ich auch seine Abneigung gegen derartige Malerei kenne«.

Nach einer kaufmännischen Lehre, Militärdienst und Front-einsatz im Ersten Weltkrieg war Karl Heinrich Berthold, geboren am 28. März 1892 in Neumünster (Schleswig-Holstein), zunächst bis 1924 als Buchhalter und Vertreter tätig. Von 1925 bis 1929 arbeitete er in Neumünster in verschiedenen Positionen für den »General-Anzeiger für Neumünster«, dem Anzeigenblatt »Schleswig-Holsteinische Verkehrszeitung« und dem städtischen »Wirtschafts- und Verkehrsverein«. Aufgrund eines finanziellen Eklats mit dem (damals noch weitgehend unbekannten) Schriftsteller Hans Fallada verlor er diese Anstellungen jedoch.[1] In den folgenden Jahren war Berthold für die NSDAP, deren Mitglied er am 1. Januar 1931 wurde, tätig; allerdings hatte er auch dort wegen finanzieller Ungereimtheiten erhebliche Probleme, die 1935 zu einem zeitweiligen Parteiausschluss führten.[2] Ab April 1936 schließlich begann (mit einer kurzen Unterbrechung von Ende 1936 bis Anfang 1937) seine Arbeit für die »Ausstellungsleitung Berlin e. V.«.[3]

1943 eröffnete Berthold dann die eigene Galerie in der Hardenbergstraße, über deren Geschäftstätigkeit kaum etwas bekannt ist.

---

1 Hans Fallada/Anna Ditzen: Wenn du fort bist, ist alles nur halb. Briefe einer Ehe, Berlin 2007, S. 19–87.
2 Bundesarchiv, R 9361-II/70167 und R 9361-I/6153. Personenbezogene Unterlagen der NSDAP/Parteikorrespondenz.
3 Reichskammer der bildenden Künste. Landesleitung Berlin. Personenakte Karl Berthold (Landesarchiv Berlin, A Rep. 243-04, Nr. 643, Blatt 2230–2236).

Überdies war der Galeriebetrieb an diesem Standort nur von kurzer Dauer: Ende 1943 wurden die Gebäude in der Hardenbergstraße 21/23 durch einen alliierten Luftangriff zerstört und Karl Berthold führte das »Kunstkabinett« in der Bleibtreustraße 32 weiter. Wenige Tage vor dem endgültigen Ende des Zweiten Weltkriegs am 8. Mai 1945 wurde er – nach eigenen Angaben in seinem Spruchkammerverfahren – von Soldaten der Roten Armee im Bunker unter der Kunsthalle gefangengenommen und bis 1950 in verschiedenen Lagern interniert.[1]

Dem Kunsthandel blieb Berthold in den folgenden Jahren treu – und auch seiner Vorliebe für gegenständliche Kunst. Als »traditionsbewußt und im guten Sinne konservativ« und »Hort der traditionsgebundenen Kräfte« wurde seine »Berliner Kunstkabinett Karl Berthold« genannte Galerie beschrieben.[2] Zunächst in der Hauptstraße 40, dann am Schöneberger Ufer 57 (dem heutigen Sitz des »Vereins Berliner Künstler«) bot er unzähligen Künstlern und Künstlerinnen die Möglichkeit, ihre Werke zu präsentieren.

1963 gab er die Galerie auf und zog nach Süddeutschland.

---

1   Verhandlungsprotokoll und Spruchentscheid Spruchausschuss Wilmersdorf gegen Karl Berthold, Pariser Straße 51 (Landesarchiv Berlin, B Rep. 031-03-11, Nr. 4762).
2   K.G.: Kunst des schönen gestern. Karl Kaupsch im Berliner Kunstkabinett. In: Der Tag vom 24.2.1960, S. 5; Arnold Bauer: Interessantes Kleeblatt. In: Der Kurier vom 22.1.1963, S. 4.

Auch im vierten Kriegsjahr beschäftigte die »Ausstellungsleitung Berlin e. V.« noch zahlreiche Angestellte: Neben der Geschäftsführerin Irmgard Sauer und der Kunsthändlerin Ursula Röhl hielten eine Sekretärin, eine Kassiererin, eine Garderobenfrau, eine Reinigungskraft, ein Aufseher und ein Pförtner sowie zwei Arbeiter den Galerie- und Ausstellungsbetrieb am Laufen.

Dies geht aus Mitarbeiterlisten der »Berliner Kunsthalle« hervor, die am 11. Januar 1943 im Zuge der »Überprüfung des zweckmäßigen Kriegseinsatzes« angefertigt wurden.[1]

Hintergrund waren die erheblichen personellen Verluste der Wehrmacht im Verlauf des Kriegs gegen die Sowjetunion, sodass nun systematisch Betriebe und Verwaltungen nach noch nicht rekrutierten Soldaten durchforstet werden sollten. Anfang Januar 1943 begann die »Unruh-Kommission« (benannt nach ihrem Vorsitzenden Walter von Unruh) mit der Überprüfung der Mitarbeiter der Obersten Reichsbehörden im Raum Berlin mit dem Ziel, Freistellungen vom Kriegsdienst erheblich einzuschränken. Als eine dem »Reichspropagandaministerium« unterstellte Dienststelle wurden daher auch die personellen Freistellungen der »Berliner Kunsthalle« unter die Lupe genommen. Der Krieg kam jetzt näher – und war nicht mehr nur durch die zahlreichen Ausstellungen in der »Berliner Kunsthalle«, die den Krieg zum Thema hatten, präsent.

Dann fielen reale Bomben auf die Gebäude. In der Nacht vom 22. zum 23. November 1943 erlebte Berlin seinen bis dahin schwersten Luftangriff im Zweiten Weltkrieg. Besonders hart

---

1   Bundesarchiv, RW 42/23, Blätter 324–326.

traf es den Berliner Westen; in Charlottenburg brannten das Schloss und die Kaiser-Wilhelm-Gedächtniskirche, viele Gehege im Zoologischen Tiergarten wurden zerstört, ganze Straßenzüge lagen in Schutt und Asche.

Und auch die Gebäude Hardenbergstraße 21/23 wurden bei diesem alliierten Angriff zu über 70 Prozent zerstört.[1] Das genaue Datum der Zerstörung nannte der Maler Christian Schad (*1894) in einem Brief an das Kriegsschädenamt Charlottenburg: »… im Dezember 44 sandte ich Ihnen auf Ihre Veranlassung einen mir zugesandten Antrag über ein durch Fliegereinwirkung im Kunstkabinett, Hardenbergstr. 21/23, Berlin-Charlottenburg am 23. Nov. 43 verbranntes Bild. Der Preis des Bildes betrug RM 2 500.-«[2]. Der bekannte Künstler Schad hatte Karl Berthold Anfang Februar 1943 zwei Gemälde für den Verkauf im »Kunstkabinett« überlassen: »Halbakt« und »Pariser Landschaft« (beide von 1929). Schads Ölgemälde »Pariser Landschaft« verbrannte in den Galerieräumen, das Gemälde »Halbakt« konnte Berthold, der zu dem Zeitpunkt noch Zimmer in dem Haus bewohnte, aus den brennenden Räumen retten.[3]

Die Dienstgeschäfte der »Ausstellungsleitung Berlin« endeten mit den zerstörten Häusern beziehungsweise wurden – »vorübergehend« wie es in noch einem Vermerk von Mitte 1944 hieß[4] – stillgelegt.

---

1 Schadensbescheid des Bezirksamtes Charlottenburg, Abteilung für Bau- und Wohnungswesen, über zerstörte Gebäude vom 22.10.1949 (Landesarchiv Berlin, B Rep. 207-01, Nr. 532).
2 Christian-Schad-Stiftung Aschaffenburg, CSSA 87-2017.
3 Christian-Schad-Stiftung Aschaffenburg, CSSA 7-2017 und CSSA 44-2017.
4 Bundesarchiv, R 55/1019, Blatt 39.

Gut 55 Jahre nach dem Einzug der Familie Koch in ihr stattliches Haus, nach Jahren repräsentativem Wohnens, Jahren der Geselligkeit, der Musik und des Tanzes, nach düsteren Jahren im Dienste der NS-Propaganda war das Haus in der Hardenbergstraße 21/23 Geschichte.

Auf den geräumten Grundstücken Hausnummer 21/23 – 24 wurde Mitte der 1950er-Jahre dann das »Amerika-Haus«[1] nach Plänen des Berliner Senatsarchitekten Bruno Grimmek errichtet. Nun begann wieder eine ganz neue Zeit …

---

1   Zur Geschichte des Amerika-Hauses siehe Harald Reissig: Das Amerika-Haus Berlin/Hardenbergstraße 21 – 24. In: Helmut Engel (Hg.): Geschichtslandschaft Berlin, Orte und Ereignisse. Bd. 1: Charlottenburg, Teil 2: Der neue Westen, Berlin 1985, S. 244 – 258; Hans Georg Hiller von Gaertringen: Pop, Politik und Propaganda. Das Amerika Haus Berlin im Wandel der Zeit, Ostfildern 2015.

Die Ausstellungen 1939 bis 1943

Dezember 1939 bis Januar 1940: Gemälde, Malerei und Plastik sowie Kopien-Ausstellung

»Die Ausstellung im neuen Haus der Kunst in der Hardenberg-straße 21/23 bringt in bunter Reihe Gemälde, Plastik und Gra-phik [...] Der Ausstellung angegliedert ist eine Sonderschau von Werken kopierender Künstler.«[1]

Eine Gemeinschaftsausstellung und eine Ausstellung mit Ko-pien nach Werken »Alter Meister«[2] eröffneten Ende 1939 den Ausstellungsbetrieb.

Februar 1940: Rasse und Volk

»Im Berliner ›Haus der Kunst‹ wurde unter dem Titel ›Rasse und Volk‹ eine zusammenfassende Ausstellung von Wolfgang Willrichs zeichnerischem Werk durch Professor Schweitzer-Mjölnir eröffnet.«[3]

Als fanatischer Anhänger des Rassegedankens propagierte der Maler und Schriftsteller Wolfgang Willrich (*1897) die Ver-

---

1 Völkischer Beobachter vom 17.12.1939, S. 8.
2 G. F. Hartlaub: Meisterkopien. In: Die Kunst für alle. Malerei, Plastik, Graphik, Architektur, Band 83, Heft 5 (1941), S. 112–120.
3 Walter Hansen: Willrich-Ausstellung »Rasse und Volk«. In: Deutsche Arbeit, 40. Jg., Heft 3 (1940), S. 63.

breitung von »Rassereinheit und Artewigkeit« auch und vornehmlich durch die bildende Kunst. Sein Buch »Säuberung des Kunsttempels. Eine kunstpolitische Kampfschrift zur Gesundung deutscher Kunst im Geiste nordischer Art« von 1937 gilt als Initialwerk für die Planung der Ausstellung »Entartete Kunst« und der folgenden Entfernung moderner Kunst aus den Museen. Willrich selber war Mitglied der Kommission, die Kunstwerke für die Schau auswählte.

Seit 1934 hatte er im Auftrag des Reichsbauernführers Richard Walther Darré das Reichsgebiet bereist, um »Bildnisse rassisch edler Volkstypen aus allen deutschen Gauen«[1] anzufertigen. Seine naturalistischen Gemälde von »kraftvollen Bauern«, »gesunden Müttern« und »heroischen Soldaten« fanden in Büchern, auf Ausstellungen und insbesondere durch Postkarten weite Verbreitung; das »Haus der Kunst« zeigte erstmals im Rahmen einer Einzelausstellung eine umfangreiche Auswahl der von 1934 bis 1940 entstandenen Werke.

Parallel zur Ausstellung Willrichs wurde »eine kleine Schau gut ausgewählter Graphiken und Kleinplastiken«[2] präsentiert.

---

1   Robert Scholz: Volkstypen aus allen deutschen Gauen. Ausstellung im Haus der Kunst. In: Völkischer Beobachter vom 12.2.1940, S. 4.
2   Kunstausstellungen im Reich. In: Die Kunst im Deutschen Reich, 4. Jg., Folge 3 (1940), S. II.

30.3. bis 28.4.1940: Der große Treck. Die Heimkehr der deutschen Bauern aus Galizien und Wolhynien

»»Der große Treck« Bilder vom Rückstrom deutschen Volkstums. Unter diesem Titel wurde im Haus der Kunst, Hardenbergstraße 21/25, durch SS-Obergruppenführer [Werner] Lorenz eine Ausstellung von Bildern und Studien von der Heimkehr der deutschen Bauern aus Galizien und Wolhynien eröffnet.«[1]

Ende 1939 hatte unter der Parole »Heim ins Reich« die Umsiedlung Tausender »Volksdeutscher« aus Ost- und Südosteuropa, vor allem ins eroberte Polen, begonnen. Ziel war die im »Generalplan Ost« vorgesehene Neugestaltung der osteuropäischen Landkarte mittels Vertreibung und Tötung »rassisch unerwünschter Völker« und Ansiedlungen von Deutschen in den besetzten Gebieten.

Die Aktionen wurden propagandistisch von zahlreichen Presseartikeln, Büchern und Ausstellungen flankiert.[2] Der Görlitzer Maler Otto Engelhardt-Kyffhäuser (*1884) hatte die »große, volksdeutsche Völkerwanderung des Winters 1939/40«[3] aus Galizien und Wolhynien (heute Polen und Ukraine) als Künstler begleitet und Skizzen und Zeichnungen für eine Wanderausstellung gefertigt, die im Februar 1940 in Krakau

---

1   Robert Scholz: Der große Treck. Bilder vom Rückstrom deutschen Volkstums. In: Völkischer Beobachter vom 2.4.1940, S. 5.
2   Siehe Wilhelm Fielitz: Das Stereotyp des wolhyniendeutschen Umsiedlers. Popularisierungen zwischen Sprachinselforschung und nationalsozialistischer Propaganda, Marburg 2000.
3   Ausstellungskatalog: Der große Treck. Die Heimkehr der deutschen Bauern aus Galizien und Wolhynien. Studien und Skizzen von Otto Engelhardt-Kyffhäuser. Führer durch die Ausstellung im Haus der Kunst, Berlin 1940.

gestartet war und – nach einem kurzen Zwischenstopp in Radom – Ende März 1940 im »Haus der Kunst« mit 196 Bildern des Malers eröffnet wurde. Auftraggeber der Schau war die für die Umsiedlungsaktionen verantwortliche »Volksdeutsche Mittelstelle«, deren Leiter Werner Lorenz auch ein Grußwort im Katalog schrieb.

Ab 1.6.1940: Sommerausstellung Malerei, Graphik und Plastik

»Das Haus der Kunst in der Hardenbergstraße 21/23 bringt eine Sommerausstellung, die in lockerer Form Malerei, Graphik und Plastik, vieles schon bekannte, aber auch manche interessante neue Arbeiten vereinigt.«[1]

4.12.1940 bis 31.1.1941: Große Berliner Kunstausstellung

»Die von Professor Schweitzer-Mjölnir geleitete Berliner Ausstellungsleitung e.V. hat am gestrigen Sonnabend die neu erbauten Ausstellungsräume im Haus der Kunst, Hardenbergstraße 21/23, der Öffentlichkeit mit einer Ausstellung übergeben, die den Namen ›Große Berliner Kunstausstellung‹ führt.«[2]

---

1 Kunstausstellungen im Reich. In: Die Kunst im Deutschen Reich, 4. Jg., Folge 7 (1940), S. II.
2 Robert Scholz: Große Berliner Kunstausstellung. Die Reichshauptstadt hat eine neue Kunsthalle. Völkischer Beobachter vom 8.12.1940, S. 3.

Die »Große Berliner Kunstausstellung«

Trotz Kritik von vielen Seiten war die »Große Berliner Kunstausstellung« seit ihren Anfängen 1893 eine feste Größe im zeitgenössischen Kunstbetrieb. Alljährlich zog die Kunstschau Zehntausende von Besucher an und bot somit den Künstlern einen großen Absatzmarkt. Zunächst wurde sie von der »Akademie der Künste« und dem »Verein Berliner Künstler« veranstaltet, beides eher traditionell verortete Gesellschaften. So waren Verwerfungen mit Künstlern damals moderner Kunstrichtungen, wie den Impressionisten, vorprogrammiert. Nachdem mehrmals Werke für die »Große Berliner« abgelehnt worden waren, kam es um die Jahrhundertwende zum Bruch und die »Secessionisten« schufen sich alternative Ausstellungsmöglichkeiten.

Erst ab 1919 öffnete sich die damals kurzzeitig in »Berliner Kunstausstellung« umbenannte Schau allen Kunstrichtungen und ab 1927 war schließlich das »Kartell der Vereinigten Verbände bildender Künstler«, ein Bündnis mehrerer Berliner Künstlerverbände, der Veranstalter.[1] Hoffnungsfroh schrieb der Publizist Otto Ernst Hesse in der Vossischen Zeitung: »Der Schrei nach dem Ismus für je eine Gruppe ist verklungen [...] Die Zeit der Prinzipienkämpfe, die einmal groß begann, ist verraucht«[2].

---

1   Kristina Kratz-Kessemeier: Kunst für die Republik. Die Kunstpolitik des preußischen Kultusministeriums 1918 bis 1932, Berlin 2008, S. 146–163.
2   Otto Ernst Hesse: Orientierungsversuch. Malerei und Plastik am Lehrter Bahnhof. In: Vossische Zeitung vom 21.5.1927, S. 10/11.

Doch die Euphorie währte nur kurz. Im Mai 1933 fand die letzte vom »Kartell« organisierte Kunstausstellung statt, bereits unter Ausschluss der »marxistischen und jüdischen Künstler«[1].

Mit der Zerschlagung und Gleichschaltung der Berliner Künstlervereine hatte auch die »Große Berliner Kunstausstellung« in ihrer bisherigen Form ausgedient. Die »Ausstellungsleitung Berlin e.V.« übernahm anstelle einer breitgefächerten Jury für 1935 die Regie. Und nur Künstler, die Mitglied der »Reichskunstkammer« waren und in Berlin wohnten, konnten an der Ausstellung teilnehmen, sodass von einer Nachfolge der ehemals internationalen Schau keine Rede sein konnte: Die »Berliner Kunst 1935« war letztlich eine lokale Verkaufsschau.

»Große Berliner Kunstausstellung« 1940/41. Von links nach rechts: Büste von Adam Antes »Der Feldherr Ludendorff«, Gemälde von Georg Ehmig »Bergbauern«, Bronzefigur von Curt Schmid-Ehmen »Weibliche Figur«.

---

1   Große Berliner Kunstausstellung. In: Die Weltkunst, Jg. VII, Nr. 20 (1933), S. 6.

Überhaupt verschob sich das kunstpolitische Geschehen nach München. War Berlin in den Zwanzigerjahren das Eldorado der progressiven Kunstströmungen, so besetzte München mit den »Großen Deutschen Kunstausstellungen« ab den Dreißigerjahren diese Position für die NS-Kunst. Das Berliner Pendant trat in den Hintergrund.

Erst im Dezember 1940 nahm man anlässlich der Einweihung des neuen Ausstellungsanbaus im Garten der Hardenbergstraße dann nach langer Pause wieder den Faden der »Großen Berliner Kunstausstellung« auf.[1] Joseph Goebbels vermerkte ein »beachtliches Niveau« und kaufte bei seinem Besuch einige Bilder.[2] Doch die Kritik störte sich am unruhigen Gesamtbild, manchem guten »Können und viel teilweise noch nicht ganz ausgereiftes Wollen«[3]. Eine Einschätzung, die die Ausstellung im Übrigen seit ihren Anfänge Ende des 19. Jahrhunderts beständig begleitete.[4]

Nach der zweiten Ausstellung während des Krieges,1942 in der Nationalgalerie[5], war schließlich die Episode der nationalsozialistischen »Großen Berliner Kunstausstellung« beendet.

---

1 Ausstellungskatalog: Große Berliner Kunstausstellung, Dezember 1940–Januar 1941, Haus der Kunst, Berlin 1940.

2 Tagebucheintrag Joseph Goebbels vom 24.12.1940. Elke Fröhlich (Hg.): Die Tagebücher von Joseph Goebbels, Teil 1, Band 9, München 2001.

3 Fritz Hellwag: Berliner Kunstausstellung wurde erstmalig im neuerbauten Pavillon an der Hardenbergstraße veranstaltet. In: Die Kunst für alle. Malerei, Plastik, Graphik, Architektur, Heft 56 (1940/41), S. 3.

4 Siehe Gabriele Poggendorf: Die akademischen Kunstausstellungen. In: Die Kunst hat nie ein Mensch allein besessen, Akademie der Künste und Hochschule der Künste Berlin (Hg.), Berlin 1996, S. 303.

5 Ausstellungskatalog: Große Berliner Kunstausstellung, 31.5.–31.8.1942, Nationalgalerie, Berlin 1942.

22.3. bis 20.4.1941: Die Pressezeichnung im Krieg

»Dabei hat dieser Künstler, Pressezeichner genannt [...] das bewegte Geschehen des Tages, das Erleben aller, mit künstlerischen Mitteln eindrucksvoll und gültig für die Nachwelt zu gestalten.[...] So wurde diese Ausstellung bewußt durchgeführt, um der Öffentlichkeit eindringlich vor Augen zu führen, daß es eine Kunst gibt, die, vom Feueratem dieses großen deutschen Geschehens beseelt, mit ihrem Griffel Zeitgeschichte schreibt.«[1]

Seit 1940 hielt in zunehmendem Maße das Thema »Krieg« reichsweit Einzug in den Ausstellungsbetrieb.[2] Und so waren Anfang des Jahres 1941 alle deutschen Pressezeichner aufgefordert worden, ihre »besten und bezeichnendsten« Arbeiten bis 18. Februar für die Ausstellung »Pressezeichnung im Krieg« in der Hardenbergstraße einzureichen.[3] Gut zwei Monate später wurden in Berlin – als Auftaktort der Wanderausstellung – rund 300 aktuelle Blätter von über 90 zivilen Pressezeichnern und Pressezeichnern der Propagandakompanien präsentiert; ein Teil der Werke konnte käuflich erworben werden.[4]

Von martialischen Kampfszenen, über Porträts bis hin zu diffamierenden Darstellungen des Gegners: Die von Hans Schweitzer (in Personalunion Ausstellungsleiter und Vorsitzender des

---

1   Eröffnungsansprache Hans Schweitzers zur Ausstellung. In: Deutsche Presse, Jg. 31, Heft 7 (1941), S. 64/65.

2   Siehe Martin Papenbrock/Anette Sohn: Kunst des frühen 20. Jahrhunderts in deutschen Ausstellungen. Teil 1: Ausstellungen deutscher Gegenwartskunst in der NS-Zeit, Weimar 2000, S. 35ff.; Karin Hartewig: Kunst für alle! Hitlers ästhetische Diktatur, BoD 2018, S. 95ff.

3   Ausstellung »Pressezeichnung im Kriege«. In: Der Zeitschriften-Verleger Charlottenburg, Jg. 43, Heft 4 (1941), S. 31.

4   Ausstellungskatalog: Die Pressezeichnung im Krieg, Haus der Kunst, Berlin 1940.

Hans Schweitzer (Mitte) erläutert die Ausstellung »Die Pressezeichnung im Krieg«. Rechts von ihm: Werner Stephan (Pressereferent im »Reichspropagandaministerium« und beim Oberkommando der Wehrmacht) und Heiner Kurzbein (Leiter Hauptreferat »Bildpresse« im »Reichspropagandaministerium«).

»Reichsausschusses der Pressezeichner«) getroffene Auswahl hatte eine große thematische und künstlerische Bandbreite und dürfte tatsächlich ein repräsentatives Bild der damaligen Pressezeichnungen vermittelt haben.

Schweitzer selber stellte 11 (unverkäufliche) Zeichnungen aus. Mit Kriegsbeginn war er auf die grafische Bühne zurückgekehrt; angesichts des nationalsozialistischen Eroberungsfeldzugs fand sein plakativ-aggressiver Zeichenstil nun wieder Anklang: »Auch freut er [Adolf Hitler] sich ganz besonders über Schweitzers Karikaturen, der jetzt in seiner Arbeit wieder zu Höchstform anläuft. Er muss etwas angreifen können, um zu wirken ...«[1].

---

1 Tagebucheintrag Joseph Goebbels vom 16.8.1940. Elke Fröhlich (Hg.): Die Tagebücher von Joseph Goebbels, Teil 1, Band 4, München 2001.

26.4. bis 4.5.1941: Italienische fotografische Kunst

»Die politisch-militärische Verbundenheit der Achse Berlin-Rom findet ihre fruchtbare Ergänzung in einer engen Zusammenarbeit der beiden befreundeten Mächte auf allen Gebieten des kulturellen Lebens [...] Diesem großen Ziel dient auch die Ausstellung von Meisterwerken italienischer Amateurfotografen ...«[1]

Im Zuge des deutsch-italienischen Kulturabkommens von 1938 kam es, neben zahlreichen anderen kulturellen Aktivitäten, auch zu einer Reihe von Austauschausstellungen zwischen Deutschland und Italien.

Nachdem im November 1940 Fotografien deutscher Amateurfotografen in Italien zu sehen waren, stellte der italienische Verband »Unione Società Italiane Arte Fotografica« ein halbes Jahr später 304 Fotografien seiner Mitglieder in den »wundervollen, hellen Räumen der Berliner Kunsthalle« aus. In seiner Verbandszeitschrift berichtet der die Wanderausstellung organisierende »Reichsbund Deutscher Amateur-Fotografen e. V.« vom großen Erfolg der Ausstellung mit rund 10000 Besuchern.[2]

---

1   Vorwort von Joseph Goebbels. In: Ausstellungskatalog: Ausstellung Italienische fotografische Kunst. Veranstaltet von der »Unione Società Italiane Arte Fotografica« in Rom und dem »Reichsbund Deutscher Amateur-Fotografen e. V.« unter Förderung des Reichsministeriums für Volksaufklärung und Propaganda und der Kgl. Italienischen Botschaft in Berlin, Berliner Kunsthalle, 26.4.–4.5.1941, Berlin 1941.
2   Fotografische Rundschau und Mitteilungen, Band 78, Nr. 3 (1941), S. 187 und Nr. 4 (1941), S. 278.

17.5. bis 11.6.1941: Flämische Kunst der Gegenwart

»Die Gegenwart hat sich von dem das Kunstwerk vereinzelnden, rein artistischen Blickwinkel frei zu machen verstanden und sucht eine tiefer liegende, volkstümlich gebundene Schicht aufzudecken und herauszustellen. Den Wandel der Blickrichtung zeigt schon der Name ›Flämische Kunst der Gegenwart‹ an, mit der Großdeutschland mitten im Kriege unbeirrt den geistigen Austausch und der Annäherung unter den germanischen Stammesverwandten dient.«[1]

Von der Reichshauptstadt Berlin in Zusammenarbeit mit der »Deutsch-Vlämischen Arbeitsgemeinschaft de Vlag« und dem »Volksbund für das Deutschtum im Ausland« veranstaltete Wanderausstellung.[2] Der Führer durch die Ausstellung verzeichnete 177 Werke von 74 flämischen Künstlern; der weit überwiegende Teil der Kunstwerke konnte gekauft werden. Darüber hinaus wurden Reiseskizzen aus Flandern von Otto Engelhardt-Kyffhäuser, Landschaftsbilder von Victor Stroda, Teppiche von Monika de Sadeleer und Keramiken von Jan Cock ausgestellt.[3]

Nach der deutschen Besetzung Belgiens im Mai 1940 erfüllte die flämische Schau – mehr als jede bis dato gezeigte Schau in der Hardenbergstraße – eine wichtige kriegspropagandistische Funktion: Sowohl die Reden zum Presseempfang und zur Aus-

---

1 M. A. Stommel: Flämische Kunst der Gegenwart in Deutschland. In: Die Kunst für alle. Malerei, Plastik, Graphik, Architektur, Heft 56 (1940/41), S. 151–155.
2 Zu den weiteren Stationen siehe Otto Thomae: Die Propaganda-Maschinerie. Bildende Kunst und Öffentlichkeitsarbeit im Dritten Reich, Berlin 1978, S. 98.
3 Ausstellungskatalog: Flämische Kunst der Gegenwart, 17. Mai–11. Juni 1941, Berliner Kunsthalle, Berlin 1941.

stellungseröffnung als auch der Ausstellungskatalog und zahlreiche Besprechungen betonten emphatisch die enge – völkisch begründete – Verbindung Deutschlands und Flanderns, die nun politisch realisiert würde; auf die ausgestellten Kunstwerke wurde hingegen kaum eingegangen.[1]

September 1941: Bauen und Kämpfen

»Anläßlich des 50. Geburtstages von Reichsminister Dr. Todt wurden den interessierten Kreisen in den letzten Tagen eine nicht öffentliche Ausstellung in der Berliner Kunsthalle zugänglich gemacht, eine thematisch gebundene Kunstschau, die sowohl in ihren Inhalten als auch in ihrem Stil eine enge Beziehung zu unserer Zeit und ihrem Geschehen hat.«[2]

»Bauen und Kämpfen« war das Motto der 1938 von Fritz Todt (*1891) erschaffenen – paramilitärisch strukturierten – »Organisation Todt«, die in den besetzten Gebieten Baumaßnahmen ausführte. Das Konzept der Ausstellung war simpel und folgte einem seit Beginn des Kriegs allseits geübten Ansatz: Die Indienstnahme von Künstlern, um aus nächster Nähe ein vermeintlich authentisches Bild des Kriegsgeschehens und der

---

1 Ein Empfang zur Eröffnung der Ausstellung [Presseempfang am 16.5.1941]. In: Völkischer Beobachter vom 17.5.1941; Cyriel Verschaeve: Reichtum und Weltort der vlämischen Kunst. Vortrag zur Eröffnung der Ausstellung »Vlämische Kunst der Gegenwart« am 17. Mai 1941 in Berlin; Wies Moens: Vorwort. In: Ausstellungskatalog: Flämische Kunst der Gegenwart, 17. Mai – 11. Juni 1941, Berliner Kunsthalle; Werner Rittich: Eine germanische Ehrenpflicht. In: Völkischer Beobachter vom 18.5.1941, S. 3; Odal – Monatsschrift für Blut und Boden, Bd. 10, Ausgabe 2 (1941), S. 554/555.

2 Werner Rittich: Bauen und Kämpfen. Völkischer Beobachter vom 18.9.1941, S. 3.

Arbeit von Verbänden wie der »Organisation Todt« oder dem »Reichsarbeitsdienst« zu vermitteln. Ein Jahr vor dem runden Geburtstag von Fritz Todt waren »bewährte« Künstler aufgefordert worden, sich am Ort des Geschehens mit der Arbeit der »Organisation Todt« künstlerisch auseinanderzusetzen. Die Ergebnisse wurden in einer Schriftenreihe publiziert und Anfang September 1941 – als Auswahl – in einer Ausstellung in der Kunsthalle ausgestellt.[1]

4.10. bis 2.11.1941: Der deutsche Mensch

»In der Berliner Kunsthalle wurde die diesjährige Bildnisausstellung eröffnet, deren 216 Werke der Malerei, der Plastik und der Graphik unter dem umfassenden Titel ›Der deutsche Mensch‹ gestellt sind. Obwohl diese Kollektion nicht den Anspruch erheben kann, das anspruchsvolle Thema umfassend zu erfüllen, und obwohl diese Ausstellung keine reine Bildnisausstellung ist, da sie neben den Porträts eine ganze Reihe figürlicher Themen bis zum Aktbild hin zeigt, verdient sie die Beachtung der Berliner Kunstwelt, weil man sich bemühte, Künstler aus dem ganzen Reich dafür heranzuziehen.«[2]

Motivisch wie stilistisch sehr breit angelegte Ausstellung mit (überwiegend zum Verkauf angebotenen) Werken von 120 Künstlern.[3]

---

1 Die Kunst für alle. Malerei, Plastik, Graphik, Architektur, Heft 57 (1942), S. 8 und 10; Hans Zeeck: Kämpfen und Bauen. In: Deutsche Allgemeine Zeitung vom 18.9.1941, S. 5.
2 Werner Rittich: Der deutsche Mensch. Bildnisausstellung in der Berliner Kunsthalle. In: Völkischer Beobachter vom 7.10.1941, S. 3.
3 Ausstellungskatalog: Der deutsche Mensch, Berliner Kunsthalle, Berlin 1941.

Blick in die Ausstellung »Malerei, Graphik, Plastik«. Im Vordergrund die Bronzefigur »Führer befiehl, wir folgen« von Georg Türke, rechts an der Wand »Junge Menschen« von Robert Schwarz.

6.12.1941 bis 31.1.1942: Kunstausstellung Malerei, Graphik, Plastik

»Die von der Ausstellungsleitung [...] in größeren Zeitabständen gegebenen Veranstaltungen können ein besonderes Interesse beanspruchen, weil hier auch das Wirken von weniger bekannten Talenten aus dem Reich in größerem Umfang hervortritt.«[1]

---

1   Hans Zeeck: Malerei, Graphik und Plastik in der Berliner Kunsthalle. In: Die Weltkunst, Jg. XVI, Nr. 172 (1942), S. 3; Ausstellungskatalog: Kunstausstellung Malerei Graphik Plastik vom 6.12.1941 bis 31.1.1942, Berliner Kunsthalle 1941.

7. bis 27.2.1942: Deutsche Kunst im Osten und Südosten

»Es sind nur Lichtbilder da, nichts weiter und doch ist der Eindruck überwältigend. Denn erstens sind die Aufnahmen von ungewöhnlicher Schönheit, und zweitens ermöglicht die Ausführlichkeit der intelligenten Beschriftungen ein ziemlich müheloses Eindringen in die für die meisten noch immer schwierige Materie. Der Betrachter sieht und liest ein paar Jahrhunderte deutscher Kunst- und Kulturgeschichte.«[1]

Von der »Deutschen Akademie« initiierte Ausstellung mit rund 375 großformatigen Fotos[2] von »deutschen Kunstdenkmälern« (Architektur und Kunst), die auf »Studienreisen deutscher Gelehrter«[3] in die heutigen Länder Tschechien, Rumänien, Polen und den Baltischen Staaten entstanden waren. Zielrichtung der Schau war eine – vermeintlich fachwissenschaftliche – Legitimation der militärischen Ostexpansion.[4] Die Kontinuität und besondere Stellung deutscher Kultur im Osten Europas sollte den Anspruch und die Führung Deutschlands in diesen

---

1   Will Grohmann: Kunst und Schicksal. »Deutsche Kunst im Osten und Südosten« in der Berliner Kunsthalle. In: Münchner Neueste Nachrichten vom 11.2.1942. In einer Aktennotiz vom 9. Februar 1942 wurde hingegen zur Ausstellung vermerkt, dass die »in verhältnismäßig anspruchsvollem Rahmen eröffnete Ausstellung [...] durch die allzu große Fülle der in fast einheitlichem Format vorgeführten und thematisch wenig abwechslungsreichen Bilder leicht ermüdend« wirkte, »eine Auffassung die auch Oberregierungsrat Krieg ausgesprochen hat, welcher der Eröffnung beiwohnte« (Bundesarchiv, R 153/589).
2   Siehe Liste der Fotos, sortiert nach Ländern (Bundesarchiv, R 63/175, Blätter 46–50).
3   Ausstellung »Deutsche Kunst im Osten und Südosten«. In: Jomsburg, Band 5, Heft 3/4 (1941), S. 462.
4   Siehe dazu die kunstgeschichtlichen Beiträge im Katalog zur Ausstellung (Bundesarchiv, R 153/589) und Besprechungen in Zeitungen, zum Beispiel: Augusta von Oertzen: Deutsche Kunst im Osten und Südosten. Ausstellung der Deutschen Akademie in der Berliner Kunsthalle. In: S.T.Z. vom 9.2.1942.

Gebieten belegen. Zu der Eröffnung der Ausstellung in Berlin am 7. Februar 1942[1] sprachen der Vizepräsident der »Deutschen Akademie« Emil Georg von Stauß, ein Vertreter des Oberbürgermeisters von Berlin und der Münchner Kunsthistoriker Oskar Schürer, der die Schau auch organisiert hatte.

Nach ihrem Auftakt im Februar 1940 in München war die Schau durch zahlreiche Städte gewandert; letzter bekannter Ausstellungsort war im Februar/März 1944 das »Palais Rohan« in Straßburg.

24.3. bis 6.4.1942: Zweckeinsatz der Bauwirtschaft im Kriege

»Gegenüber der großen Zahl von Vortragsveranstaltungen, die während der Wintermonate stattfanden, herrscht infolge der starken Anspannung der Bauschaffenden bei kriegswichtigen Bauvorhaben in den Monaten Juni, Juli, August [...] Versammlungsruhe. Ohne Unterbrechung geht dagegen die Ausstellung ›Zweckeinsatz der Bauwirtschaft im Kriege‹ weiter.«[2]

Diese – von der »Fachgruppe Bauwesen e.V. im NS-Bund Deutscher Technik« konzipierte – Wanderausstellung hob sich deutlich von den anderen Ausstellungen der Berliner Kunsthalle ab: Anstelle von Malerei und Plastik füllten große, schlichte Tafeln mit Texten und Zeichnungen sowie kleine Modellbauten

---

1   Programm zur Eröffnung der Ausstellung »Deutsche Kunst im Osten und Südosten« in der Berliner Kunsthalle, Berlin-Charlottenburg, Hardenbergstraße 21 – 23, am Sonnabend, dem 7. Februar 1942, 12 Uhr (Bundesarchiv, R 63/175).
2   Der Deutsche Baumeister, Jg. 4, Heft 4 (1942) S. 20.

den Saal.[1] Zielgruppe war vornehmlich die Bauwirtschaft und ein technisch interessiertes Publikum.

Anhand von Beispielen aus der Praxis sollte in den Ausstellungsabschnitten »Leistungssteigerung« und »Behelfsmäßiger Kriegsbau« demonstriert werden, wie den kriegsbedingten Materialengpässen und dem Abzug von Arbeitskräften durch die Wehrmacht begegnet werden könne. Der dritte Abschnitt »Osteinsatz« widmete sich der baulichen Erschließung der eroberten Ostgebiete.

18.4. bis 2.5.1942: Ausstellung von Werken portugiesischer Künstler

»Mit besonderem Interesse verfolgt man in Deutschland das Kunstgeschehen auf der iberischen Halbinsel. Kaum hat die große spanische Kunstausstellung März/April 1942 im Berliner Kronprinzenpalais ihre Pforten geschlossen, so drängen sich schon die Kunstbeflissenen wieder an der Berliner Kunsthalle.«[2]

Mitte April eröffnete der diplomatische Vertreter Portugals, Graf Pedro Tovar de Lemos, die vom »Ibero-Amerikanischen Institut«[3] und der »Deutsch-Ibero-Amerikanischen Gesell-

---

1 Emil Schieberer: Zweckeinsatz der Bauwirtschaft im Kriege. Eine Ausstellung der Fachgruppe Bauwesen in NSBDT. In: Der Deutsche Baumeister, Jg. 4, Heft 9 (1942) S. 14–16.

2 Ursula Carl-Ratzlaff: Spanische und Portugiesische Kunst der Gegenwart. Zu den Berliner Ausstellungen. In: Europäischer Wissenschaftsdienst, Jg. 2, Nr. 9 (1942), S. 24.

3 Siehe Reinhold Liehr/Günther Maihold/Günter Vollmer: Ein Institut und sein General. Wilhelm Faupel und das Ibero-Amerikanische Institut in der Zeit des Nationalsozialismus, Frankfurt/Main 2003.

schaft« organisierte Ausstellung portugiesischer Gegenwartskunst: Das Gros der Werke waren Gemälde des Porträtmalers Eduardo Malta. Der Maler Adriano de Sousa Lopes war mit seinem Historienbild »Prinz Heinrich der Seefahrer im Kreise seiner Getreuen« vertreten, ein hier vorab gezeigtes Geschenk des »Instituto para a Alta Cultura« (Lissabon) an das »Ibero-Amerikanische Institut«. Mit wenigen Stücken waren darüber hinaus auch die Bildhauer Joaquim Martins Correia, António Duarte und Salvador Barata Feyo vertreten.

Den Abschluss der Ausstellung bildeten Fotografien aus Portugal der deutschen Fotografin Helga Glassner (*1911).[1]

Eduardo Malta vor seinem Gemälde »Fischverkäuferin« in der
Portugal-Ausstellung 1942

1   Johanna Alemann: Eine kleine Schau portugiesischer Kunst. Besuch einer
    Ausstellung in Berlin. In: Germany and You. Unsere Zeit, Bd. 12, Heft 4/5
    (1942), S. 97; Gertrud Richert: Kleine Mitteilungen aus dem Arbeitsgebiet
    des Institutes. In: Ibero-Amerikanisches Archiv, Band 16, Heft 1/2 (1942),
    S. 60. Helga Glassner veröffentlichte die Fotos unter dem Titel »Portugal.
    Orbis Terrarum – Die Länder der Erde im Bild« 1942 im Atlantis Verlag.

1. bis 27.10.1942: Waffen-SS im Bild

»Nichts kann besser den Geist der tapferen Waffen-SS dartun als diese Dokumente der Kamera. Es wäre zu wünschen, daß diese einzigartige Ausstellung – die beste Kriegsausstellung, die wir bisher in Berlin sahen, – noch vielen Städten des Reichs zugänglich gemacht wird.«[1]

Anfang 1940 wurde auf Geheiß von Heinrich Himmler eine spezielle Propagandakompanie der SS aufgebaut, um die Berichterstattung über die militärischen Unternehmungen der SS durch eigene Beiträge in den Medien zu steuern. Chef dieser Einheit wurde Gunter d'Alquen (*1910), Chefredakteur und Herausgeber der SS-Zeitung »Das Schwarze Korps«. Unter ihm wuchs die, später »SS-Standarte Kurt Eggers« genannte, Einheit personell und technisch enorm an.

D'Alquen nutzte die Mittel, die ihm durch sein Heer an Kriegsberichterstattern und Fotografen sowie gut ausgestatteten Bildlaboratorien gegeben waren, auch zur Durchführung eigener Ausstellungen, wie die, als Auftakt zu einer Wanderausstellung gestartete, Schau »Waffen-SS im Bild« in der Kunsthalle.

Mittels 300 großer bis monumentaler (1 × 2 Meter) und technisch sehr aufwendig bearbeiteter Fotos sowie rund 60 Zeichnungen und Gemälden von SS-Frontmalern inszenierte die SS professionell und öffentlichkeitswirksam (rund 50000 Besucher sollen die Ausstellung bis Ende 1942 gesehen haben) das Bild ihrer kämpfenden Truppe.[2]

---

1   Herbert Starke: Photoausstellung der Waffen-SS in Berlin. In: Der Photograph, Nr. 45/46 (1942), S. 179/180.
2   Jochen Lehnhardt: Die Waffen-SS, Paderborn 2017, S. 194.

Darüber hinaus wurde gesondert in einer Serie von 15 Bildern »der Weg eines SS-PK.-Bildes von der Aufnahme bis zum fertigen Zeitungsdruck«[1] demonstriert.

4. bis 18.11.1942: Kroatische Foto-Kunst

»Nach dem außerordentlichen Erfolg, den die deutsch-italienische fotografische Austausch-Ausstellung sowohl in Italien wie in Deutschland gehabt hat, werden die deutschen Amateure nunmehr Gelegenheit haben, die hervorragendesten fotografischen Arbeiten der Amateurfotografen des jüngsten europäischen Staates, Kroatien, kennenzulernen.«[2]

Die ebenfalls vom »Reichsbund Deutscher Amateur-Fotografen e. V.« organisierte Ausstellung präsentierte rund 200 Werke von kroatischen Amateurfotografen.[3] Zur Eröffnungsfeier waren neben 150 geladenen Gästen auch der diplomatische Vertreter Kroatiens, Stefan von Bogat, der Vorsitzende des kroatischen Amateurverbandes, August Frajtić, sowie der Landeskulturwalter des Gaues Berlin, Walter Hahn, anwesend.[4]

Ob die geplante Gegenausstellung in Kroatien, für die die Mitglieder des Reichsbundes bis 31. Dezember 1942 Fotoarbeiten

---

1   F. H.: Waffen-SS im Bild. In: Der Photograph, Nr. 43/44 (1942), S. 174.
2   Deutsch-kroatische Austausch-Ausstellung. In: Fotografische Rundschau und Mitteilungen, Band 79, Nr. 5 (1942), S. 186.
3   Fritz Hansen: Kroatische Photokunst. In: Der Photograph, Nr. 47/48 (1942), S. 190.
4   Emil Schönewald: Die Eröffnung der Ausstellung »Kroatische Foto-Kunst«. In: Der Photograph, Nr. 45/46 (1942), S. 178/179. Schönewald gab einen detaillierten Bericht von den Reden und den ausgestellten Fotos.

an die Geschäftsstelle nach Berlin senden sollten, noch stattgefunden hat, konnte nicht ermittelt werden. Die ursprünglich für viele weitere Stationen geplante »Kroatische Foto-Kunst« wurde im Frühjahr 1943 »im Zuge der totalen Kriegsführung« abgesagt.

4.12.1942 bis 3.1.1943 Kunstausstellung Malerei, Graphik, Plastik[1]

23.1. bis 13.2.1943: Zeichner, Bildhauer, Maler besuchten den RAD im Kriegseinsatz

»Der Reichsarbeitsdienst [RAD] veranstaltet in der Berliner Kunsthalle eine Ausstellung von Zeichnern, Bildhauern und Malern, die an Einsätzen des Reichsarbeitsdienstes teilgenommen haben [...] Propagandistisch am wertvollsten erscheinen mir die Zeichnungen von A. Paul Weber [...] Diese Zeichnungen sind mit ihrer hervorragenden Darstellung und mit ihrem erschütternden Eindruck geeignet, gerade in den westlichen besetzten Gebieten und in den neutralen Staaten propagandistisch eingesetzt zu werden.«[2]

Seit Juni 1935 war der sechsmonatige Dienst beim RAD für Männer zwischen 18 und 25 Jahren verpflichtend; mit Beginn

---

1 Mitteilungsblatt der Reichskammer der bildenden Künste, Jg. 7, Heft 12 (1942), S. 6.
2 RAD-Ausstellung in der Berliner Kunsthalle. Brief an den Reichspropaganda-leiter vom 18.2.1943 (Bundesarchiv, NS 18/1264).

Titelblatt des Ausstellungskataloges

des Zweiten Weltkriegs wurde die Organisation verstärkt für militärische Aufgaben als Bau-, Wach- und Pioniertruppe auch an der Front herangezogen. Und analog zu den Propaganda-kompanien der Wehrmacht und der Waffen-SS entsandte seit Ende 1941 auch der Reichsarbeitsdienst Künstler an die Kriegs-schauplätze, um den Dienst der »Arbeitsmänner«[1] zu »doku-

---

1   »Arbeitsmann« war sowohl der unterste Rang innerhalb des paramilitärisch strukturierten RAD als auch der Name einer Zeitschrift der Reichsarbeitsfüh-rung. Im allgemeinen Sprachgebrauch wurde »Arbeitsmann« zum Synonym für die zum Reichsarbeitsdienst eingezogenen jungen Männer.

mentieren«. Fast anderthalb Jahre später eröffnete »Reichsarbeitsführer« Konstantin Hierl die »erste Ausstellung von RAD-Kriegsmalern«[1], auf der Werke von 41 Künstlern präsentiert wurden.

So unter anderem die Zeichnung »General Schlamm«[2] des oben gelobten Malers A. Paul Weber (*1893), der im Oktober 1941 im Auftrag des RAD in die Sowjetunion gereist war. Ein anderes Bild der Ausstellung, »Arbeitsmänner«[3] von Hans Stübner (*1900), entstand nach Studien, die der Künstler in Frankreich gefertigt hatte.

6. bis 21.3.1943: Japan im Bild

»Ich hoffe, daß diese Ausstellung mit dazu beiträgt, die Kenntnis von Japan und das Verständnis für sein völkisches Leben bei uns zu fördern und zu vertiefen.«[4]

Ausstellung mit Fotos des Pressefotografen Werner Cohnitz (*1909), die dieser bei einem Besuch Japans 1941/42 gemacht hatte.

---

1 Ausstellungskatalog: Zeichner, Bildhauer, Maler besuchten den RAD im Kriegseinsatz, Berliner Kunsthalle, 23.1.–13.2.1943, darin: Hans Fischer: Der Arbeitsmann, ein Gesicht unserer Zeit. Die Idee der dienenden Arbeit, ein neues Thema für Maler und Bildhauer, Berlin 1943; Paul Felkendorff: Als RAD.-Kriegsmaler bei der jüngsten Mannschaft im Osten. In: Führen + Erziehen, Jg. 1, Heft 8 (1942), S. 1–3.
2 Hans Fischer: Betrachtungen zur ersten RAD.-Kunstausstellung. In: Nationalsozialistische Monatshefte, 14. Jg., Heft 155/156 (1943), S. 176/177.
3 Westermanns Monatshefte, Band 173/74 (1942/43), S. 369.
4 Eröffnungsansprache des Vorsitzenden der »Deutsch-Japanischen Gesellschaft« Richard Foerster (Bundesarchiv, R 64-IV/259, Blatt 200/201).

Die von der »Deutsch-Japanischen Gesellschaft«[1] organisierte »Bilderschau aus dem japanischen Leben« mit Landschaftsaufnahmen, Fotos von Alltags- und Arbeitsszenen sowie religiösen Zeremonien war nur eine von zahllosen Kulturveranstaltungen in Deutschland zum Thema Japan. Vornehmlich ging es darum, die militärische Achse »Berlin – Tokio« durch soziokulturelle Gemeinsamkeiten zwischen Deutschland und Japan (»Pflichterfüllung, Ordnungssinn, Lebensenergie und Einsatzbereitschaft«[2]) zu beschwören.

25 Fotos waren auch in einer opulenten, großformatigen Fotomappe als Sonderanfertigung mit nur wenigen nummerierten Exemplaren zum Preis von 125,- Reichsmark veröffentlicht worden.[3]

16.4. bis 16.5.1943: Männer unserer Zeit

»Erstaunlich sind Atmosphäre und Arbeitsenergie der Führerbesprechungen im Führerhauptquartier erfasst. Die Ausstellung von Männern unserer Zeit ist erfüllt vom Atem unserer Zeit. Sie ist einfach, lebensstark und unerbittlich in der Wiedergabe erkannter, beherrschter und auf das eine große Ziel des Endsieges ausgerichteter Wirklichkeit.«[4]

---

1   Siehe Hans-Joachim Bieber: SS und Samurai. Deutsch-japanische Kulturbeziehungen 1933–1945, München 2014.
2   Dr. Gerner-Beuerle: Japan im Bild. Zur Eröffnung der Photoausstellung in der Berliner Kunsthalle. In: Völkischer Beobachter vom 9.3.1943, S. 8.
3   Fotomappe: Japan. Bildbericht von Werner Cohnitz. Einmalige Ausgabe anläßlich der von der Deutsch-Japanischen Gesellschaft veranstalteten Ausstellung »Japan im Bild«, Berlin 1942.
4   Dr. Gerner-Beuerle: Männer unserer Zeit. Zu einer Ausstellung in der Berliner Kunsthalle. In: Völkischer Beobachter vom 18.4.1943, S. 8.

Walter Frentz (*1907), einer von Hitlers »Leibfotografen«, erhielt 1942 den Auftrag, farbige Porträtaufnahmen von Repräsentanten des Nationalsozialismus anzufertigen. Frentz richtete daraufhin ein Fotostudio im Führerhauptquartier »Wolfschanze« in Ostpreußen ein. In den nächsten drei Jahren entstanden dort rund 3000 großformatige (30×40 Zentimeter) Farbaufnahmen von Politikern, Militärs, ausländischen Gästen und Industriellen.[1]

Siebzig daraus ausgewählte Porträts und Gruppenaufnahmen präsentierte die »Berliner Kunsthalle«. In Besprechungen wurde nicht nur der »hohe Stand der deutschen Farbfotographie« gelobt, sondern auch die »ganz auf die Eigenart der Persönlichkeit und den schöpferischen Moment gestellte Wiedergabe der Personen.«[2]

Tatsächlich prägte der Kameramann und Fotograf Frentz maßgeblich die Bildpropaganda des »Dritten Reiches« mit. Technisch versiert und mit dem Blick für den richtigen Moment und den richtigen Ausschnitt setzte Frentz den Nationalsozialismus so in Szene, wie er gesehen werden wollte.

---

1   Hans Georg Hiller von Gaertringen (Hg.): Das Auge des Dritten Reiches. Hitlers Kameramann und Fotograf Walter Frentz, München 2007, S. 27 und 151.
2   O. A.: Männer unserer Zeit. In: Gebrauchsfotografie, Jg. 50, Heft 6/7 (1943), S. 72.

15.6. bis 15.7.1943: Edles deutsches Kunsthandwerk

»In der immer wechselnden Reihe von Ausstellungen, mit denen die Berliner Kunsthalle an der Hardenbergstrasse auch im Kriege Zeugnis ablegt […] zeigen gegenwärtig – auf Veranlassung des Wirtschaftsdienstes bildender Künstler – deutsche Kunsthandwerker aus allen Gauen des Grossdeutschen Reiches ihr Können.«[1]

In ihrer wahrscheinlich letzten Schau zeigte die »Berliner Kunsthalle« eine kleine Auswahl an kunsthandwerklichen Objekten wie Schmuck, Buchbindearbeiten, Teppichen, Keramikarbeiten und Möbel.[2]

Veranstalter war der »Wirtschaftsdienst für bildende Künstler«, ein erst 1942 bei der »Reichskunstkammer« eingerichtetes Ressort, das primär für rechtliche und finanzielle Angelegenheiten der Kammermitglieder zuständig war, aber auch Kunstausstellungen organisierte.[3]

---

1 Edles deutsches Kunsthandwerk. In: Revaler Zeitung vom 15.7.1943, S. 6.
2 Dr. Werner Rittich: Ewiges deutsches Kunsthandwerk. Eine Ausstellung in der Berliner Kunsthalle. In: Völkischer Beobachter vom 26.6.1943, S. 6.
3 Mitteilungsblatt der Reichskammer der bildenden Künste, Jg. 7, Heft 12 (1942), S. 1.

Die Eigentümer und Bewohner des Hauses

Die Eigentümer und Bewohner des Hauses in der Hardenbergstraße 21/23 nach den Einträgen in den »Berliner Adressbü-
chern«.

1888
Baustelle; ab 1. Juli 1888 Koch, W., Maurermeister

1889 bis 1901
E. [Eigentümer] Koch, W., Maurermeister
V. [Verwalter] Krug, Portier
beziehungsweise Hilke, J., Portier

1902 bis 1917
E. Koch, A., Frau

1918
E. Koch'sche Erben
V. Hilke, J., Hauswart

1919
E. Deutscher Offizier Verein
V. Hilke, J., Verwalter

1920 bis 1923
E. Deutscher Offizier Verein (Berlin)
Bühne und Film e. V. 1919

1924
Nicht zu ermitteln

1925
E. Deutscher Offizier Verein (Berlin)
Bender, H., Schauspieler
Bühne und Film e. V. 1919
Janne, F., Pol.-Seh.
Klawohn, E., Packer
Melcher, A., Aufwärterin
Rackel, W., Mechaniker

1926
E. Deutscher Offizier Verein (Berlin)
V. Bühne und Film e. V.
Bender, H., Schauspieler
Braun, J., Polizei-Oberwachtmeister
Hilke, J., Portier
Klawohn, E., Lagerarbeiter
Knackstedt, H.; Oekonom
Melcher, A., Witwe
Pohlmann, Witwe

1927
E. Deutscher Offizier Verein (Berlin)
Bender, H., Schauspieler
Braun, J., Polizei-Oberwachtmeister
Klawohn, E., Lagerarbeiter
Melcher, A., Witwe
Pohlmann, E., Kassierin

1928
E. Deutscher Offizier Verein (Berlin)
Bienert, R., Postaushelfer
Braun, F., Polizei-Oberwachtmeister
Moebuß, K., Kaufmann
Pohlmann, E., Kassierin
Villa d'Este, Weinhaus

1929
E. Deutscher Offizier Verein (Berlin)
V. Dohme, P., Prokurist (Nr. 25)
Bienert, R., Postaushelfer
Braun, J., Polizei-Oberwachtmeister
Klawohn, E., Arbeiter
Pohlmann, E., Kassierin
Villa d'Este, H. Schüler, Weinhaus

1930
E. Deutscher Offizier Verein (Berlin)
V. Dohme, P., Prokurist (Nr. 25)
Bienert, R., Postbeamter
Braun, J., Oberwachtmeister a. D.
Klawohn, E., Schaffner
Pohlmann, Witwe
Spree Kaffee G.m.b.H.

1931
E. Deutscher Offizier Verein (Berlin)
V. Dohme, P., Prokurist (Nr. 25)
Bienert, R., Postschaffner
Braun, J., Oberwachtmeister a. D.
Pohlmann, E., Kassiererin

1932
E. Deutscher Offizier Verein (Berlin)
Bienert, R., Postschaffner
Café König am Zoo
Klawohn, E., Schaffner
Pohlmann, E., Kassiererin

1933
E. Deutscher Offizier Verein (Berlin)
Klawohn, E., Schaffner
Konjetschni, L., Gastwirt
Steinicke, P., Kaufmann

1934
E. Deutscher Offizier Verein (NW7, Neustädtische Kirchstr. 4,5)
V. Wageniß, H., Bürovorsteher, (Hardenbergstraße 24)
Half, F., Kaufmann
Klawohn, E., Schaffner
Steinicke, P., Kaufmann
Villa d'Este, Cafe- und Restaurationsbetrieb

1935
E. Deutscher Offizier Verein (NW7, Neustädtische Kirchstr. 4.5)
V. Wageniß, H., Bürovorsteher, (Hardenbergstraße 24)
Half, F., Kaufmann
Klawohn, E., Schaffner
Villa d'Este, Cafe- und Restaurationsbetrieb

1936 und 1937
E. Deutscher Offizier Verein (Nr. 24)
Villa d'Este, Cafe- und Restaurationsbetrieb

1938 und 1939
E. Deutscher Offizier Verein (Nr. 24)

1940
E. Haus der Kunst
Ausstellungsleitung Berlin e. V.
Berthold, K., Geschäftsführer

1941 bis 1943
E. Deutscher Offizier Verein (Nr. 24)
Berthold, K., Geschäftsführer
Haus der Kunst, Ausstellungsleitung Berlin e. V.
Romanowsky, G., Hausmeister

Bildnachweis

akg-images/Sammlung Berliner Verlag/Archiv, **Seite 62**

Architektonische Rundschau. Skizzenblätter aus allen Gebieten der Baukunst, 7. Jg., H. 5 (1891), Tafel 35, **Seite 21**

Architektonische Studienblätter, Serie III. No. 104. Villa Hardenberg-Strasse No. 21–23 (W. Koch), **Seite 16/17**

Armeemarinehaus: Mitteilungen und Preise, 1935, **Seite 29**

Ausstellungskatalog: Große Berliner Kunstausstellung, Haus der Kunst, Berlin 1940, **Seite 58**

Ausstellungskatalog: Zeichner, Bildhauer, Maler besuchten den RAD im Kriegseinsatz, Berliner Kunsthalle, Berlin 1943, **Seite 104**

Ausstellungskatalog Kunstausstellung, Berliner Kunsthalle, 4.12.1942 bis 3.1.1943, Berlin 1942, **Seite 63**

Bundesarchiv: Bild 183-l17165, **Seite 60**, Hoffmann/Bild 183-J01148, **Seite 100**

Claudia Molnar: Foto Erbbegräbnisstätte Koch, **Seite 25**

Der deutsche Gartenarchitekt 10 (1927), **Seite 43**

Deutsche Presse, Bd. 31, H. 7 (1941), **Seite 91**

Die Wehrmacht, Jg. 4, Nr. 25 (1940), **Seite 67**

Julius Kapp (Hg.): 185 Jahre Staatsoper. Festschrift zur Wiedereröffnung des Opernhauses Unter den Linden am 28. April 1928, Berlin, S. 47, **Seite 40**

Landesarchiv Berlin, B Rep. 207, Nr. 188, Bl. 127, **Seite 19**, B Rep. 207, Nr. 188, **Seite 37**, B Rep. 207, Nr. 189, Bl. 89, **Seite 38**, B Rep. 207, Nr. 190, Bl. 83, **Seite 61**

Leipziger Illustrirte Zeitung vom 4.9.1919, Bd. 153, Nr. 3975, S. 13, **Seite 31**

Österreichische Nationalbibliothek, OEGZ S 49/236, **Seite 96**

Werbepostkarten: Photo und Druck: Kunstanstalt Voremberg, Berlin, **Seiten 38, 44/45, 48, 49 und 51**

Scherl/Süddeutsche Zeitung, **Seite 88**

Situations-Plan von Berlin mit dem Weichbilde und Charlottenburg neu aufgenommen und gezeichnet von Sineck, Ausgabe von 1889, **Seite 15**

Wilhelm Cremer/Richard Wolffenstein (Hg.): Der innere Ausbau, Berlin o. J. Digitalisate der Universitätsbibliothek der Technischen Universität Berlin, **Seite 22/23**